A. PINVERT

NOTIONS ÉLÉMENTAIRES

D'ÉPIGRAPHIE LATINE

PER NOS ET VIVUNT ET MARMORA MUTA LOQUUNTUR

(SAUTEL, *Lusus allegorici poetici*)

PARIS

IMPRIMERIE GÉNÉRALE LAHURE

9, RUE DE FLEURUS, 9

1905

NOTIONS ÉLÉMENTAIRES

D'ÉPIGRAPHIE LATINE

55150. — Imprimerie LAHURE, rue de Fleurus, 9, à Paris.

A. PINVERT

NOTIONS ÉLÉMENTAIRES

D'ÉPIGRAPHIE LATINE

PER NOS ET VIVUNT ET MARMORA MUTA LOQUUNTUR

(SAUTEL, *Lusus allegorici poetici*)

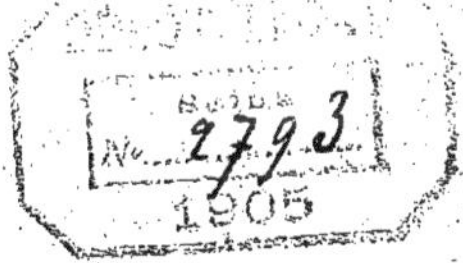

PARIS

IMPRIMERIE GÉNÉRALE LAHURE

9, RUE DE FLEURUS, 9

1905

HONORI ET MEMORIÆ

Francisci LEDRV

NON OBLITVS
ET
DVLCISSIMI AMICI
DESIDERIO TACTVS
HÆC RVDIMENTA
D. D.

LVTETIÆ PARISIORVM
A. D. MCMVI

AVANT-PROPOS

Ce n'est pas sans hésitation que je me suis décidé à livrer au public cette petite grammaire d'épigraphie latine.

Des savants éminents ont écrit sur ce sujet; on ne peut que renvoyer à leurs ouvrages.

J'ai cru cependant que ce modeste essai ne serait peut-être pas inutile.

Je l'offre à ceux qui aiment l'antiquité, mais à qui font peur les longs ouvrages, ou qui ne sont pas assez initiés pour les aborder.

En parcourant ces quelques règles élémentaires, que j'ai tâché de coordonner de mon mieux, ils acquerront les premières notions d'une science attrayante et trop peu connue.

Cette étude se divise en deux parties :

La première traite de l'épigraphie latine ancienne;

La seconde, de l'épigraphie latine chez les modernes, et spécialement en France.

Je dis dans un appendice quelques mots de l'épigraphie grecque, cette mère de l'épigraphie latine.

PREMIÈRE PARTIE

___

L'ÉPIGRAPHIE LATINE

CHEZ LES ANCIENS

CHAPITRE PREMIER

DE L'UTILITÉ DE L'ÉPIGRAPHIE
ET DES CONNAISSANCES PRÉLIMINAIRES
A L'ÉTUDE DES INSCRIPTIONS

§ I

DE L'UTILITÉ DE L'ÉPIGRAPHIE

L'épigraphie est l'art d'interpréter les inscriptions anciennes et d'en composer de nouvelles sur le modèle de celles que nous a laissées l'antiquité.

L'étude des inscriptions anciennes présente des avantages nombreux et considérables. Elle sert à conserver la mémoire d'événements importants et le souvenir d'hommes et de familles illustres, à confirmer, quelquefois à contrôler les témoignages historiques[1]. Grâce à l'épigraphie, nous connaissons les dignités, les rites, les dieux, les magistratures, les Collèges, les Pontifes, les monnaies et les médailles, les décrets et les lois, les contrats d'hospitalité et les traités de l'ancienne Grèce et de l'ancienne Rome. La découverte d'inscriptions bilingues nous a même permis

---

1. Voir de curieux exemples cités par R. CAGNAT, dans la *Grande Encyclopédie*, V° *Épigraphie*, t. XVI, p. 66.

d'interpréter les langues des anciens peuples de l'Italie (les Osques, les Étrusques, etc.).

Par l'épigraphie, on se trouve en contact direct avec le passé, on se sent vivre de sa vie ; c'est avec raison que l'un des plus aimables poètes latins du xviie siècle a pu faire dire aux épigraphistes :

Per nos et vivunt et marmora muta loquuntur[1].

L'usage des inscriptions remonte à la plus haute antiquité. Sans parler des peuples qui, en Grèce, en Italie, dans les Gaules, ont précédé les époques historiques, les Grecs et les Romains nous ont laissé une quantité considérable de monuments épigraphiques qui font, dit Spotorno, *les délices des érudits.*

Ces inscriptions ont été gravées sur le bois, sur l'ivoire, sur des lames de bronze ou d'airain ou des tubes de plomb, sur des tuiles, des briques, des vases funéraires, mais surtout sur le marbre et les pierres des monuments publics, ce qui explique l'expression consacrée de *style lapidaire.*

De nombreux érudits (Muratori, Spon, Gruter, Maffei et tant d'autres) les ont recueillies et sauvées de l'oubli. Qui ne connaît, au moins de nom, les deux ouvrages considérables dont l'existence et la réussite sont dues à la persévérance et à la profonde érudition de Mommsen ? (*Corpus inscriptionum græcarum* et *Corpus inscriptionum latinarum.*)

Comme toutes les sciences humaines, l'épigraphie a eu des commencements modestes ; mais peu à peu elle s'est formée et perfectionnée ; sa langue, son style, le caractère même de ses lettres se sont modifiés, jusqu'à ce qu'elle soit

---

1. SAUTEL, *Lusus allegorici poetici.* Ce poète a rendu les plus petits sujets intéressants par la manière ingénieuse et délicate dont il les décrit.

arrivée à la *bonne époque*. C'est de cette époque classique seule que j'aurai à m'occuper.

Il faut reconnaître cependant que les monuments épigraphiques des époques antérieures ont une grande importance ; aussi je n'ai point voulu les passer entièrement sous silence et j'en ai donné une courte énumération (voir note I).

§ II

DES NOTIONS PRÉLIMINAIRES A L'ÉTUDE DE L'ÉPIGRAPHIE

Pour arriver à interpréter les inscriptions latines, il faut tout d'abord avoir une certaine connaissance de la langue latine ; il faut de plus posséder quelques notions sur l'histoire et sur l'organisation civile et militaire de Rome ; je n'ai pas à insister sur ces points.

Enfin il faut connaître les premiers éléments du *style lapidaire*.

Le siècle d'Auguste fut incontestablement le grand siècle de la littérature romaine ; il fut aussi celui de l'époque classique des incriptions.

En les étudiant avec soin, on remarque que ces *marbres érudits* ont un style concis et grave, noble dans sa simplicité.

La concision était souvent exigée par le peu d'espace réservé pour placer l'inscription.

La simplicité donnait à l'inscription un caractère de grandeur que l'ostentation n'aurait pu atteindre.

L'inscription suivante peut servir d'exemple. Il s'agit d'une

mère infortunée qui élève un tombeau aux dieux mânes de
sa fille Puppa Celsa, morte à vingt-sept ans, quatre mois et
vingt-cinq jours :

D.M.
PUPPÆ CELSÆ
quæ vixit ann. xxvii
mens. IIII. D.XXV
mater infelicissima
FECIT.

Nous trouvons ici la gravité et la concision romaine qui
sont la marque caractérisque du style lapidaire.

Je voudrais pouvoir dire que la clarté se joint toujours à la
gravité et à la concision des inscriptions romaines ; mais il y
a malheureusement des causes d'obscurité qui sont les *sigles*
et diverses autres abréviations.

I. Les *sigles* sont des lettres choisies, parmi celles qui com-
posent un mot, pour exprimer ce mot tout entier.

Tel est ce sigle célèbre S.P.Q.R. que l'on doit traduire ainsi :

S (enatus) *P* (opulus) *Q* (ue) *R* (omanus).

Je fais observer une fois pour toutes que les lettres mises
entre parenthèses sont des lettres qui, par suite de l'abréviation, ne se trouvent pas dans l'inscription ; je les rétablis
pour faciliter la traduction.

Les *sigles* sont la grande difficulté épigraphique. Ils sont
nombreux et on en trouve une énumération plus ou moins
détaillée dans les traités d'épigraphie. Un seul auteur, à ma
connaissance du moins, Sertorius Ursatus (*De notis roma-*

norum commentarius, Padoue, 1772) me paraît les avoir indiqués à peu près tous dans son ouvrage.

Je me borne à reproduire ici quelques sigles à titre d'exemple :

D. M. (*Diis manibus*).

V. S. L. M. (*Votum solvit libens merito*).

D. D. (*Dedicavit* ou *dono dedit*).

D. S. P. (*De sua pecunia*).

H. S. E. (*Hic situs est*).

D. N. — (*Dominus noster*, en parlant de l'empereur).
DD. NN. — (Nos empereurs).

Il faut souvent avoir recours aux traités qui contiennent le tableau des sigles et leur traduction.

II. D'autres abréviations sont également employées par les Romains. Je signale seulement ici :

1° L'abréviation par contraction. Ex. : $\overline{APS}$. pour *apostolus* ; $\overline{SCS}$. pour *sanctus*.

2° L'abréviation par la répétition d'une lettre pour indiquer le pluriel : $\overline{AA}$. (*Augusti*) ; $\overline{COS}$. (*consul*) $\overline{COSS}$ (*consules*) ; quelquefois cette lettre double sert à indiquer un superlatif. Ex. : C. (*clarus*) ; C. C. (*clarissimus*).

3° L'abréviation par l'enlacement des lettres. Ex. : Æ.

Ceci exposé, j'arrive à l'examen des points les plus importants de l'épigraphie, en commençant par l'étude des noms, qui demande un certain développement.

CHAPITRE II

DES NOMS

PREMIÈRE SÉRIE

NOMS DES CITOYENS ROMAINS

§ I

LES *Tria nomina* DU CITOYEN ROMAIN.

Il y avait deux signes extérieurs par lesquels se manifestait la qualité de citoyen romain : la toge et surtout le nom. La toge était le costume national du citoyen :

> Romanos, rerum dominos, gentemque togatam[1].

Il la portait pendant sa vie et la conservait même sur le bûcher[2]. S'il lui arrivait une communication du sénat, il devait en être revêtu pour la recevoir. On connaît le récit charmant que fait Tite-Live (Liv. III, ch. xxvi) de l'entrevue de Cincinnatus avec l'envoyé du sénat qui venait lui ordonner de quitter sa charrue pour aller à Rome exercer la dictature. Mais c'était surtout le nom qui distinguait le citoyen romain.

---

1. Virgile, *Æn*, I, 282.
2. Juvénal, *Sat.*, III, 171-172. Cf. Digeste, L. 19, *De in rem verso.*

Déjà chez les Grecs, la dation du nom était considérée comme une chose de grande importance. « Ce n'est donc pas, cher Hermogène, çomme tu le crois, une facile besogne, ni celle de gens sans talents et des premiers venus, que l'institution des noms » (PLATON, *Cratyle*).

De même à Rome. « Le nom du citoyen romain, dit Henry Michel, dans son *Traité du droit de cité romaine*, n'était pas composé d'une manière arbitraire, mais suivant des règles fixes; si bien qu'à la simple lecture d'un nom inscrit normalement, on pouvait reconnaître la qualité de citoyen romain de celui qui le portait. »

En effet, le nom romain avait d'abord pour objet de déterminer *l'individualité* de la personne, mais il indiquait de plus par son contexte la *qualité de citoyen* et celle *d'ingénu* ou *d'affranchi* de celui qui le portait.

Ce nom complet, ayant des fonctions multiples, comprenait les cinq éléments suivants :

1° Le *prænomen* (ou prénom) ;

2° Le *nomen gentilitium* ou gentilice (indiquant la race ou *gens*) ;

3° Le *cognomen* (indiquant la branche particulière de la *gens*) ;

4° La *filiation* (indication du père) ;

5° Et enfin, le *nom de la tribu* dans laquelle était inscrite, en sa qualité de citoyen, la personne qu'il s'agissait de désigner.

Nous verrons plus loin qu'un sixième élément (l'*agnomen*, ou surnom) pouvait s'ajouter aux cinq dénominations sus-indiquées.

Les trois premiers éléments, *prænomen*, *nomen gentilitium* et *cognomen*, étaient ce que l'on appelait les *Trois noms* (les *Tria nomina*). Ils appartenaient essentiellement au citoyen romain, et ne pouvaient être usurpés par un *peregrinus*, et encore moins par un esclave; ils étaient la preuve indiscutable que celui qui les portait était bien citoyen romain. Juvénal, signalant les avanies auxquelles s'exposait un parasite non citoyen romain s'il se permettait certaines familiarités que ne comportait pas sa condition sociale, lui dit : « Tu seras maltraité, si tu essayes de placer un mot dans la conversation, *comme si tu avais les trois noms.*

..... *tanquam habeas tria nomina* [1]. »

Ces trois noms, il nous faut les étudier avec soin.

1° Le *prænomen* (prénom) était le nom *personnel* de l'individu. Il était énoncé le premier et précédait le nom de la *gens*. Ces prénoms personnels s'écrivaient toujours en abrégé : *C* pour *Gaius* [2]; *L* pour *Lucius*; *M* pour *Marcus*, etc., etc.

Il répondait en quelque sorte à notre nom de baptême et servait à distinguer les enfants du même père. Ex. :

Marcus Tullius Cicero.
Quintus Tullius Cicero.

Ces *prænomina* étaient peu nombreux, une trentaine environ. Varron, le plus savant des Romains, et Valère Maxime

---

1. Juvénal, V, 127.

2. Quintilien (*de Oratore*) nous apprend que Gaius en abrégé s'écrit par la lettre *C*, et que lorsqu'on écrit le mot sans abréviation, on le transcrit *Gaius* par un *G*; et il ajoute que dans l'un comme dans l'autre cas, on doit le prononcer *Gaius*.

ou l'auteur inconnu du *Liber de prænominibus* nous en donnent la nomenclature.

« Les filles, dit Salverte [1] recevaient leur prénom le huitième jour après leur naissance et les fils le neuvième jour. Certaines familles eurent une prédilection marquée pour certains prénoms, et se le transmirent de père en fils; le prénom du père passa communément au fils, et surtout au fils aîné; le second fils recevait celui d'un proche parent du père, et peu à peu, un ou deux prénoms devenaient héréditaires dans la famille [2]. »

Venaient ensuite :

2° Le *nomen gentilitium* (le gentilice).

Ce nom de *gentilitium* vient de ce qu'il n'est autre chose que le nom du chef de la *gens* à laquelle appartient l'individu dénommé. Il est commun à tous les membres de la même *gens*. Prenons, par exemple, la *gens Cornélia*, ayant pour chef Cornélius. Ses fils *Rufus, Cossus, Secundus, Dolabella, Scipio*, ajoutèrent à leur prénom personnel le gentilice *Cornelius*. Ils firent souche et eurent eux-mêmes des enfants qui, à leur prénom, ajoutèrent le gentilice *Cornelius*. Il en fut de même de tous leurs descendants dans les différentes branches de la *gens*.

Le gentilice se terminait généralement en *ius* et était toujours énoncé en toutes lettres immédiatement après le *prænomen*.

3° Le *cognomen* — avec lui nous avons les *Tria nomina*.

1. Eusèbe SALVERTE, *Essai historique sur les noms d'hommes, de peuples et de lieux*.

2. Il en est encore ainsi dans certaines grandes familles françaises : les Montmorency (Anne), Les Molé (Mathieu), Les La Rochefoucauld (François), etc.

Si le *nomen gentilitium* énonce la *race*, le nom du chef unique de cette race, les *cognomina* désignent les différentes branches dans lesquelles se divise la *gens* par suite de la naissance d'enfants et de petits-enfants du chef de la *gens*.

Tout en restant dans la *gens Cornelia*, chacun des enfants de Cornelius devient chef d'une *famille* ou *branche* particulière. Je dirai plus loin quand et comment était donné le *cognomen*.

L'inscription suivante nous montre une application de ces principes:

L. CORNELIO

SECVNDO

QVI VIXIT AN. X

M. V. D. XX

L. CORNELIVS

GLYCON

PATER. INFEL.

FILIO DVLCISSIMO.

On voit ici Lucius Cornelius, chef de la *gens Cornelia*, surnommé Glycon, père infortuné qui élève un monument à son fils chéri *Lucius* (prénom), *Cornelius* (gentilice), *Secundus* (nom de la branche ou *cognomen*).

C'est bien là l'ordre invariable des *Tria nomina*. On doit y ajouter encore, comme nous le verrons plus loin, la *filiation* et la *tribu*, qui se placent entre le gentilice et le *cognomen*. Il n'en est point question ici parce que la filiation est suffisamment indiquée par les mots *pater infelix*, et que l'enfant n'ayant que dix ans n'était pas encore inscrit dans sa tribu.

4° La mention de la *filiation*, et celle de la *tribu*, toujours invariablement placées entre le *gentilitium* et le *cognomen*, comme je l'ai dit plus haut.

5° Et enfin quelquefois l'*agnomen* ou *surnom*, dû à certaines particularités, par exemple : Scipio *Nasica* (au nez mince et allongé) ; Scipio *Africanus* (à cause de ses victoires sur les Carthaginois).

§ II

DE LA FILIATION ET DE LA TRIBU

A. Filiation.

La filiation s'exprime d'habitude en mentionnant au génitif le prénom du père, suivi de la lettre F (*filius*), ou plus souvent en mettant la lettre initiale du prénom du père, suivie de la lettre F.

Exemple : *M. Tullius M. F.*
Il faut lire : M. Tullius Marci Filius.

Cette filiation se plaçait dans l'inscription immédiatement après le gentilice.

Les citoyens romains sont ou des *ingénus* ou des *affranchis*. Les ingénus seuls ont une filiation et peuvent l'indiquer. Les affranchis n'en ont pas, j'en dirai un mot plus bas.

B. *Tribu.*

Romulus avait divisé le peuple romain en trois tribus; puis Servius en porta le nombre à quatre. Mais par suite de conquêtes successives, la population ayant augmenté d'une manière considérable, le nombre des tribus fut porté à trente-cinq.

Tout citoyen romain devait être inscrit dans une des tribus; la mention de cette inscription était la preuve de sa qualité de citoyen romain.

Il y avait quatre tribus urbaines; les trente et une autres étaient les tribus rustiques. Elles étaient les plus estimées; les tribus urbaines, comme le dit Spotorno, *conteneano veramente la feccia del popolo.*

Chacune de ces tribus avait un nom qui était inscrit par abréviation à l'ablatif (en sous-entendant les mots *ex tribu*) entre le gentilice et le *cognomen.*

On trouve la nomenclature de ces noms de tribus dans tous les traités d'épigraphie.

Je donne ici un exemple d'inscription complète et, pour faciliter la traduction, je trace le tableau généalogique de la *gens Æmilia* dont il s'agit.

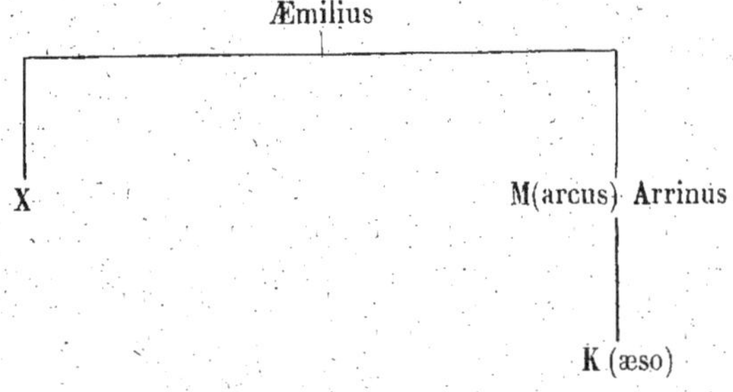

Voici l'inscription qui concerne Kæso, petit-fils d'Æmilius :

IOVI VICTORI

K. ÆMILIVS M.F (ex tribu) QUIR...

ARRINUS. MIL.LEG.X.AUG

S.P.P.D.D.

Il s'agit ici, on le voit, d'un soldat de la 10e Légion Augusta, qui en vertu d'un décret des décurions (D. D.) a consacré à ses frais (*pecunia sua*) cette inscription à Jupiter victorieux. Ce Kæso Æmilius Arrinus, fils de Marcus, était de la tribu *quirina*, ce qui est indiqué par le mot *QUIR* (*ina*) (sous-entendu *ex tribu*) placé entre son gentilice (Æmilius) et son *cognomen* (Arrinus). Nous avons bien, et dans leur ordre invariable, les cinq éléments qui constituent une inscription :

1° *Prænomen* : K(æso);

2° *Gentilitium* : Æmilius;

3° La Filiation : M(arci) F(ilius);

4° La Tribu : (Ex tribu) Q(uirina);

5° Le *Cognomen* : Arrinus.

Quelquefois, on ne se contentait pas d'indiquer la tribu; on mentionnait encore le nom de la ville où était né l'individu auquel était dédiée l'inscription, et ce nom de ville était mis soit à l'ablatif, soit au génitif.

Exemple :

Q.MODIO.Q.F.
POLLIA.DO
MO PARMA.

C'est-à-dire : *Quinto Modio Quinti filio* (ex tribu) *Pollia* (ex) *domo Parma* (de la tribu Pollia et de la ville de Parme). Chaque tribu était divisée en dix curies et chaque curie était présidée par un *curion*. L'assemblée de ces dix curions formait le collège des *décurions*, sorte de conseil d'administration de la tribu. On voit souvent citer ses décisions par ce sigle D. D. (*decreto decurionum*).

A ces cinq éléments du nom romain, il y avait lieu d'en ajouter souvent un sixième, qui était l'*agnomen* ou surnom, ainsi que je l'ai dit plus haut en citant l'exemple de *Scipio Africanus*. Ce Scipion l'Africain était de la *gens Cornelia*. *Scipio* était son *cognomen* et *Africanus* son *agnomen*.

Nous avons vu que c'était dans la semaine qui suivait celle de la naissance de l'enfant que la famille se réunissait pour lui imposer un nom. Cette réunion était l'occasion de fêtes et de réjouissances. L'enfant était apporté et déposé aux pieds du père. « Il gît là, dit Lucrèce, privé de soins et de secours, comme le matelot jeté à la côte. »

> Tum porro puer, ut sævis projectus ab undis
> Navita, nudus humi, jacet infans, indigus omni
> Vitaï auxilio.

Si le père refuse de le reconnaître, il est abandonné et exposé ; s'il le reconnaît, au contraire, on lui choisit un nom.

Dès ce moment, il fait partie de la famille, et on va le faire inscrire sur le *livre des actes publics* gardé au *Tabularium* du peuple[1].

Mais quel était le nom qui lui était donné à ce moment? Ce ne pouvait être son *gentilitium* (le nom de sa *gens*), qui lui appartenait de plein droit, du moment où il avait été reconnu par son père.

Ce ne pouvait être que son *prænomen*, qui devait servir à le distinguer de ses frères. Cette reconnaissance du père, cette dation du prénom le faisaient entrer dans la famille, où il répondait au prénom qui lui avait été donné. En même temps, il acquérait son *gentilitium*, sa *filiation* et sa *tribu*, qui était celle de son père.

Mais son droit de cité était pour ainsi dire suspendu, et il ne devait en acquérir l'exercice qu'après une nouvelle réunion de la famille et la dation de son *cognomen*.

En effet, des textes nous apprennent que, plus tard, le *prænomen* ne pouvant plus suffire à l'enfant devenu homme, au moment de sa puberté (vers 17 ans), la famille se réunissait de nouveau, et, au milieu de réjouissances et de fêtes, on choisissait pour le jeune Romain son *cognomen*, c'est-à-dire le nom particulier qu'il porterait à l'avenir, et qui le distinguerait, lui et ses enfants à naître (*familia*), des autres branches de la même *gens*.

Ce *cognomen* était quelquefois celui du père, ou était déterminé par suite de diverses circonstances. J'ai dit, par exemple, que dans l'illustre *gens Cornelia*, un des fils fut appelé *Scipio* (bâton) à l'époque de sa puberté. C'est parce qu'il avait dans son enfance servi de bâton de vieillesse à

1. Dezobry, *Rome au siècle d'Auguste*, t. II, p. 387.

son père (MACROBE, *Saturn.*, liv. I, ch. VI). Parfois le *cogno-men* était tiré du nom d'une terre, comme en France les La Rochefoucauld-*Liancourt*.

C'est le troisième nom, qui quelquefois était donné avant l'époque de la puberté, par exception [1].

On ajoutait parfois un quatrième nom, l'*agnomen*. Il était tiré soit d'une certaine conformation du corps (*Nasica*, nez long et mince; *Agrippa*, *ægrè-partus*, difficilement accou-ché, tiré par les pieds), soit de faits notoires et remar-quables, par exemple de victoire. C'est ainsi que Scipion a reçu l'*agnomen* d'*Africanus*.

Après cette seconde intervention de la famille et la dation de son *cognomen*, le jeune Romain avait la jouissance entière de ses droits de citoyen. Il était inscrit dans sa tribu, revêtait la toge virile, était astreint au service militaire. (Voir H. MICHEL, *op. cit.*)

Voilà une bien longue nomenclature de noms. Ce système complexe fut adopté, suivant Varron, pour distinguer les familles qui tiraient leur origine d'une même souche, et pour ne pas confondre entre elles les personnes d'une même famille. Les *Cornelii*, par exemple, étaient une race illustre d'où plusieurs familles étaient issues, savoir : les Scipions, les Lentulus, les Dolabella, les Scylla, les Cinna, et voici, pour donner un exemple, comment on distinguait un de ses membres les plus illustres, Scipion l'Africain : *Publius Corne-*

---

1. Par exemple quand le père de famille donnait son propre *cognomen* à son fils aîné. Dans ce cas, pour éviter la confusion, le père faisait suivre son *cognomen* du mot *major*, et le fils du mot *minor*. Cette théorie des *prænomina*, *nomina* et *cognomina* est contredite en un certain point par le petit traité *De prænominibus*. Je la donne cependant, non comme une simple conjecture, mais comme le résultat de recherches assez nombreuses.

lius Scipio Africanus. Cette énumération s'explique ainsi : *Publius* (prænomen), *Cornelius* (gentilice de la *gens Cornelia*), *Scipio* (cognomen, famille ou branche particulière de la *gens Cornelia*), *Africanus* (agnomen, surnom donné à cause de ses victoires). Tous les enfants de Scipion étaient *agnats* entre eux, et *cognats* avec les frères de Scipion ou leurs descendants. J'en ai fini avec les noms des citoyens romains; il me faut maintenant m'occuper des noms d'autres personnalités.

DEUXIÈME SÉRIE

NOMS DES « NON CIVES »

Ces *non cives* sont : 1° les filles et les femmes; 2° les adoptés; 3° les esclaves et les affranchis; 4° les étrangers; 5° les enfants naturels.

I

LES FILLES ET LES FEMMES

En principe, dit Henry Michel, la fille ne porte pas de prénom. Elle n'a que deux noms, son *gentilitium*, c'est-à-dire le nom de sa *gens*, et son *cognomen*, c'est-à-dire celui de la branche (*familia*) de cette *gens* à laquelle elle appartient, ou, en d'autres termes, le nom de son père. Toutefois on donne à ce nom une forme féminine; ainsi la fille de *Teren-*

tius s'appelle *Terentia* ; celle de *Cornelius, Cornelia*. Et, s'il y avait plusieurs filles, elles s'appelaient *Cornelia major, Cornelia minor*, etc.

Parfois aussi, la fille prenait un nom rappelant le prénom de son père. Ainsi Marcus *Tullius* Cicéron avait une fille pour laquelle il inventa le gracieux diminutif de *Tulliola*, en témoignage de sa vive affection.

Après son mariage, la fille prenait le *gentilitium* de son mari, car elle quittait à ce moment sa famille d'origine pour entrer dans la famille de son mari.

A une époque plus reculée, les femmes avaient cependant eu un nom propre, personnel (*Cæcilia, Volumnia*), qu'elles cessèrent de porter pour prendre le *gentilitium* et le *cognomen* de leur père et de leur mari.

Il est à remarquer que, dans les inscriptions qui indiquent la qualité de femme mariée, on se contente de mettre à la suite du nom de la femme celui du mari au génitif, sans inscrire le mot *uxor*. J'en donne deux exemples.

1° Au tombeau de Cæcilia Metella (Capo di Bove) sur la voie Appienne :

C Æ C I L I Æ . Q . C R E T I C I F (iliæ)

M E T E L L Æ . C R A S S I (uxori)[1]

Crassus n'a pas oublié les titres de gloire de ce Quintus Cæcilius le *Crétois*, son beau-père, mais il s'est contenté de mettre son propre nom au génitif, sans mentionner le mot *uxori*.

1. A Cécilia Métella, fille de Quintus le Crétois, femme de Crassus.

2° Et dans Morcelli, t. II, p. 196.

LUCILIÆ.CLAVDI.F.

METELLAE.RVFI (uxori)

PATRONAE MVNICIPI

PARENTALIA

PVBLICE

DECR.DEC.

Cette inscription indique qu'un décret des décurions a ordonné que des fêtes funèbres (*parentalia*) seraient célébrées aux frais du public (*publicè*) en l'honneur de *Lucilia Metella*, fille de *Claudius* (et femme) de *Rufus*.

II

LES ADOPTÉS

L'adoption faisait passer l'adopté sous la puissance de l'adoptant (Institutes de Justinien, liv. I, tit. XI). Par suite, l'adopté changeait de famille et changeait également de nom.

Ce changement avait lieu de diverses manières, mais généralement l'adopté prenait les prénom et nom de l'adoptant et y ajoutait son propre gentilice, auquel il changeait sa désinence *ius* pour lui donner celle de *ianus*. Ainsi, *Octavius* ayant été adopté par Caius Julius Cæsar se fit appeler Caius Julius Cæsar *Octavianus*.

A l'avènement du christianisme, un grand nombre de citoyens romains se convertirent et changèrent la désinence

ius de leur nom, en prenant celle de *ianus* (Ex. *Lucius =
Lucianus*), voulant ainsi témoigner que la religion chrétienne
les avait adoptés.

Nous savons que Saül, né à Tarse en Cilicie, persécuteur
des chrétiens, trouva la vérité sur le chemin de Damas et
devint un des plus ardents propagateurs de la foi chrétienne.
Il convertit le proconsul Sergius *Paulus*, et, à la suite de cette
conversion, prit le nom de *Paul* et devint saint Paul, le
grand apôtre des gentils (*Saulus autem qui est Paulus*;
Act., 13-9). Tous deux étaient citoyens romains. Le titre
de proconsul le prouve en ce qui concerne Sergius Paulus;
quant à saint Paul, il affirme lui-même sa qualité de
citoyen romain : « *Ego sum Judæus non ignotæ civitatis muni-
ceps..* » (*Act.*, 21-29). Est-il intervenu entre eux un acte
régulier *d'adoption* ou plutôt *d'adrogation*?

III

LES ESCLAVES (*Servi*) ET LES AFFRANCHIS (*Liberti*).

A l'origine, les esclaves n'avaient d'autre nom que celui de
leur maître, ainsi que nous le voyons dans les comédies de
Plaute : *Lucipor, Marcipor*, etc., pour *Luci puer, Marci puer*,
c'est-à-dire esclave de Lucius, esclave de Marcus [1].

Plus tard, on leur donna le nom de leur pays d'origine
comme *Syrus, Ægypta*, que leur imposait leur maître, ou
bien ils conservaient le nom qu'ils avaient avant de tomber
en servitude : *Philocrates, Pallas*, etc.

---

1. *Puer* chez les Romains, comme *fante* chez les Italiens, signifiait *enfant*, ou
esclave, serviteur.

Les esclaves pouvaient sortir de la servitude par l'affranchissement. Ils devenaient alors *liberti* et cette qualité s'exprimait dans les inscriptions par la lettre L. précédée du
nom du maître qui avait accordé l'affranchissement : C. L.
affranchi de Caïus. Si c'est une femme qui affranchit, la lettre
initiale du nom de cette femme s'écrit à l'envers. Ex. : Ɔ. L.
— Caiæ Libertus, affranchi de Caia.

On ne trouve pas de mention de filiation dans les inscriptions concernant les affranchis.

L'affranchi devenait citoyen romain. Certaines dignités lui
étaient cependant refusées et étaient réservées aux ingénus.
Mais on en a vu parvenir à une grande fortune : Narcisse
fut le confident de Néron; Térence était un affranchi;
Horace était fils d'affranchi.

L'affranchi prenait le prénom et le nom de son ancien
maître, et conservait pour *cognomen* le nom qu'il avait dans
la servitude. Ainsi Tiron, l'ancien esclave et secrétaire de
Marcus Tullius Ciceron, fut appelé *Marcus Tullius Tyro*;
Pallas, l'affranchi de l'empereur Claude (Tiberius Claudius)
fut appelé *Tiberius Claudius Pallas*.

Voici une inscription qui contient l'application de ces
règles :

T.SCUTRIVS.T.L.FAB.SABIANVS

Titus Scutrius (prénom et nom du patron) *Sabianus*
(ancien nom de l'esclave affranchi) *Titi Libertus* (affranchi de
Titus) *fab.* (de la tribu Fabia, tribu du maître et dans
laquelle l'affranchi est inscrit).

IV

LES ÉTRANGERS (*Peregrini*).

J'ai dit plus haut que la qualité de citoyen romain était établie par la possession des trois noms (*prænomen, nomen, et cognomen*).

Aussi, lorsque les étrangers obtenaient le droit de cité romaine, ils prenaient les trois noms. Ainsi fit, par exemple, le poète Archïas. Ayant obtenu le droit de cité par la protection de *A. Licinius Lucullus*, il prit le nom d'*Aulus Licinius Archias*, se donnant ainsi le prénom et le nom de Lucullus et y joignant pour *cognomen* son ancien nom.

L'étranger devenu citoyen romain était inscrit dans l'une des tribus.

V

LES ENFANTS NATURELS (*Spurii*).

Les enfants naturels (*Spurii*) ne mentionnaient pas de filiation, ou en simulaient une fausse en indiquant un prénom qui n'était pas celui du père, et qui était souvent S P (urii) F (ilius), même si leur père n'avait pas le prénom de *Spurius* (voir Ricci, *Epigrafia latina*).

Après avoir traité la question du nom, il faut maintenant

parler de la carrière des honneurs (*cursus honorum*) que le citoyen romain était appelé à parcourir, et dire un mot des inscriptions honorifiques par lesquelles on voulait perpétuer soit durant sa vie, soit après son décès, le souvenir des honneurs qu'il avait obtenus, ainsi que des inscriptions concernant la vie privée et des inscriptions votives.

CHAPITRE III

LE CURSUS HONORUM

§ I

DES INSCRIPTIONS HONORIFIQUES ACCORDÉES
PENDANT LA VIE DU CITOYEN

Le *cursus honorum* du citoyen romain, tant dans l'ordre sénatorial que dans l'ordre équestre, nous offre une longue énumération des charges honorifiques.

Dans l'ordre équestre, il y en avait un grand nombre (voir Ricci, *Epigrafia latina*, p. 138), et le cercle pouvait s'élargir chaque jour au fur et à mesure que l'on créait de nouvelles institutions. La rédaction du titre était facile : chaque fois qu'un nouveau service était créé, pour dénommer les officiers qui en étaient chargés, on disait les deux hommes, les quatre hommes chargés de telle fonction. Ex. : *Decemviri coloniis deducendis*, (les dix commissaires pour l'établissement des colonies) ; *Duumviri juri dicundo* (les deux commissaires chargés de dire et d'appliquer la loi) ; ou bien on désignait leur fonction par la forme adjective : *Quatuorviri viales*, (les quatre citoyens chargés de l'inspection et entretien des routes).

Nous savons quelles voies magnifiques les Romains avaient tracées dans tout l'empire pour gouverner et administrer les provinces qu'ils avaient conquises. Les *Quatuorviri viales* avaient à veiller à leur conservation. L'itinéraire d'Antonin, la carte de Peutinger, l'*itinerarium Burdigalense*, véritable livre de Postes rédigé en 333, nous font connaître les *mansiones*, les *mutationes* et surtout les bornes milliaires de ces routes. Ces bornes, placées de mille en mille pas, servaient à indiquer les mille pas parcourus et les mille pas restant à parcourir (M. P. millia passuum). Elles contenaient : 1° l'éloge de l'empereur, le plus souvent du moins ; 2° à l'ablatif précédé de la préposition A, le lieu du départ de la route et le nombre de mille parcourus ; 3° à l'accusatif avec la préposition AD ou VSQUE, le nom du lieu d'arrivée.

Voici l'extrait d'une inscription milliaire concernant la voie *Cassia* depuis Clusium jusqu'à Florence :

Trajanus Hadrianus.....
Viam Cassiam vetustate collapsam
A Clusiorum finibus ad Florentiam
Perduxit mill. pass. XXCI.

Dans l'ordre sénatorial, je mentionnerai seulement les dignités suivantes, en insistant sur ce qu'elles étaient devenues sous l'empire : 1° le Grand Pontife (*Pontifex maximus*) ; 2° les Consuls ; 3° les Tribuns du peuple. Et je dirai quelques mots des titres honorifiques conférés spécialement aux empereurs.

1° *Le suprême Pontificat*, si nous en croyons Tite-Live, a été institué par Numa. En la personne du grand Pontife résidait la puissance religieuse.

Cette dignité n'était d'abord accordée qu'à des citoyens ayant occupé les plus grandes charges de la République ; mais les Empereurs finirent par être souverains pontifes de plein droit et à vie.

2° Les Consuls exerçaient à l'origine la magistrature suprême, civile et militaire. Ils furent d'abord nommés pour un an par le suffrage des citoyens. Mais sous l'empire ils étaient nommés par l'Empereur qui se nommait lui-même quand bon lui semblait.

On sait qu'ils donnaient leur nom à l'année.

3° Les Tribuns du peuple avaient été institués à Rome après l'expulsion des rois, à l'effet de défendre les droits et les intérêts du peuple. Leur personne était inviolable ; ils étaient nommés pour un an. Mais Auguste reçut la puissance tribunitienne à perpétuité (SUÉTONE, *Aug.*, 27). C'était, dit Tacite, une royauté déguisée (TACITE, *Ann.*, III).

L'Empereur avait donc en main tous les pouvoirs religieux, civils et militaires.

Ses titres, pour ainsi dire personnels, étaient nombreux, il faut les énumérer tous. Il était :

1° *Imperator*. Ce mot placé à la tête des inscriptions, signifie le chef de la force militaire, le souverain, l'Empereur.

2° *Augustus*. Octave, ayant réuni dans sa main tous les grands pouvoirs de la République, voulut se faire donner par le sénat et par le peuple un surnom, et se contenta de celui d'Auguste. Il ne s'appelle plus que *C. Cæsar Augustus*. Ce titre, héréditaire dans la famille d'Octave, fut ensuite adopté par tous ses successeurs bien qu'ils ne lui tinssent par aucun lien du sang.

3° *Dominus noster* (D. N.). Ce titre, qui souvent paraîtra blessant à l'orgueil national, ne fut guère employé que dans les légendes des monnaies en Orient; Aurélien paraît être le premier qui l'ait mis en usage sur le numéraire impérial. S'ils étaient deux empereurs, le sigle devenait D.D.N.N..

4° *Cæsar*. Ce titre, *cognomen* de la famille des Jules, même après l'extinction de la *gens Julia*, passa aux princes des maisons étrangères à cette famille; on fit des Césars comme on fit des Augustes.

Sous Dioclétien on établit une distinction : le titre d'Auguste fut réservé à l'empereur régnant, et celui de César à son héritier présomptif.

L'impératrice prit le nom d'*Augusta*.

Voici une inscription trouvée en 1775 à Vienne en Dauphiné, où Octavie, femme d'Auguste, est honorée du nom d'*Augusta* et de plus de celui de *Diva* parce qu'elle est décédée :

Con (sensu) sen (atus) Divo Augusto optimo Maximo et Divæ Augustæ.

5° *Prince de la Jeunesse.* Ce titre était synonyme de chef de l'armée. Les Romains en effet donnaient à l'armée le nom générique de *Juventus*.

6° *Pontifex maximus.*

7° *Consul.*

8° *Tribun du peuple* renommé tous les ans. Ce titre était employé dans les inscriptions pour indiquer depuis combien d'années durait le règne.

Quand Auguste disait avoir la puissance tribunitienne depuis quinze ans, il disait par cela même qu'il était empereur depuis quinze ans. Enfin Auguste reçut la puissance tribunitienne à vie en 736 (SUÉTONE, *Aug.*, 27).

Cela n'empêcha pas Auguste et ses successeurs de continuer à compter les années de leurs règnes par les années de leur puissance tribunitienne, comme si cette puissance avait continué à leur être conférée tous les ans par la voie des élections.

9° *Imperator*. Si ce mot revient pour la deuxième fois dans l'inscription, il ne signifie plus chef de l'État, mais il veut dire *victorieux, acclamé vainqueur* sur le champ de bataille par les soldats. Chaque fois que l'Empereur remportait une victoire par lui-même ou par un de ses lieutenants, il était acclamé *imperator* sur le champ de bataille. De là ces mots des inscriptions : *Imperator XII, Imperator V* (acclamé douze fois, victorieux cinq fois). /

10° *Germanicus, Parthicus*. A la suite de victoires remportées sur des nations étrangères, sur les Germains, sur les Parthes par exemple, l'Empereur prenait le titre de *Germanicus, Parthicus*.

11° *Pater Patriæ*. Titre décerné en général par le sénat, et par acclamation.

12° Enfin le titre de *Divus* qui n'était décerné qu'après le décès, le plus souvent dans l'apothéose, moins pour honorer le prince défunt, violemment détrôné, que pour en imposer aux peuples. Supprimé du nombre des vivants, on le plaçait au rang des dieux (PLINE, *Paneg.*, II).

Mentionnons encore les titres de *Felix* et de *Pius*.

« Les titres de *César*, d'*Auguste*, de *Pater Patriæ*, dit Dion

Cassius, ne signifient rien et ne donnent aux Empereurs aucune puissance, le premier n'étant qu'un nom de famille et le second un titre d'honneur. Mais celui de *Père de la Patrie* leur accordait le même pouvoir sur nous qu'un père a sur ses enfants, et il leur a été donné afin de les obliger à aimer les citoyens comme leurs enfants. » (Dion Cassius abrégé par Xiphilin, liv. 53).

Voici trois inscriptions dans lesquelles ont été employées en grande partie toutes les formules que je viens d'indiquer.

IMP.CAES.

AUGVSTO

PONTIFICI.MAX.

COS.XIII TRIB.P.

XXIII

PAT.P (atriæ)

La seconde est plus complète.

IMP.CÆSAR DIVI.F.AUGUSTUS

PONTIFEX MAXIMUS

IMP. XIII COS XI TRIB.POTEST XV

(Fils du divin veut dire ici fils de César par suite de son adoption.)

En voici enfin une troisième, trouvée à Narbonne, et qui est très curieuse) :

IMP.CÆSARI DIVI ANTONINI PII FIL, DIVI ADRIANI NEPOTI

DIVI TRAIANI PARTHICI PRONEPOTI, DIVI NERVÆ ABNEPOTI

L. AURELIO VERO, AUG, ARMENIACO.PONT.MAX.

TRIBVNIC.POTESTAT.IIII.IMP.IICOSII,PROCOS,DECUMANI

NARBONENSES.

C'est, on le voit, une inscription dédiée par les Décumans de Narbonne à l'Empereur Lucius Aurélius Vérus. Elle doit être lue et traduite dans l'ordre suivant :

« Decumani Narbonenses (dedicaverunt hoc monumentum)
« Imperatori Cæsari Lucio Aurelio Vero, Augusto, Arme-
« niaco, Pontifici Maximo, (ex) Tribunicia potestate quar-
« tum, imperatori secundum, consuli secundum, proconsuli,
« filio Divi Antonini Pii, nepoti divi Hadriani, pronepoti divi
« Trajani, Parthici, abnepoti divi Nervæ. »

En voici la traduction :

« Les Décumans de Narbonne (ont dédié ce monument) à
« l'Empereur César Lucius Aurélius Vérus, Auguste, l'Armé-
« nien (vainqueur en Arménie), Grand Pontife, exerçant le
« pouvoir tribunitien pour la quatrième fois (dans la qua-
« trième année de son règne), proclamé imperator pour la
« seconde fois, consul pour la seconde fois, proconsul, fils
« du divin Antonin le Pieux, petit-fils du divin Hadrien,
« arrière-petit-fils du divin Trajan le Parthique, ex-arrière-
« petit-fils du divin Nerva. »

Il ne manque guère que le titre de *Pater Patriæ*.

Le *Proconsul* était un magistrat romain faisant fonctions de consul en certaines provinces. Ainsi César fut nommé proconsul en Gaule.

Cette longue énumération de toutes les dignités dans cette inscription me dispense de faire d'autres citations sur ce sujet.

Il nous faut maintenant dire un mot des inscriptions consacrées aux défunts.

§ II

LES INSCRIPTIONS FUNÉRAIRES

Les Romains commençaient généralement ces inscriptions par le sigle D. M. (Diis Manibus).

Après cette formule on mettait ordinairement le nom du défunt au génitif comme faisant suite au sigle D. M. :

D.M.
ARIÆ.PROTIDI
QUÆ VIX.ANN.XVII
M.V.D.XII.PARENTES.

Quelquefois on mettait le nom au datif :

C.TILLIO C.L CELERI
DOMO CORTONA
VI.VIR.AVGVSTALI

Souvent on mettait ce nom au nominatif, comme dans l'inscription de Sanctulus rapportée ci-dessous. Il s'agit ici d'un *sextumvir augustal*, un des six prêtres attachés au culte d'Auguste.

On inscrivait, comme je l'ai montré plus haut, le nombre d'années, de mois et de jours de la vie du défunt; si on ne les connaissait pas d'une manière certaine, on ajoutait à cette énumération le sigle *P. M.* (plus ou moins, environ); parfois on mentionnait le jour des funérailles (Depositio) :

HIC REQUIESCIT BONÆ
MEMORIÆ SANCTULUS
SUBDIAC. IN PACE QUI VIXIT
ANNOS *P.M* LXXX DEP. EJUS VI
KAL.MAIAS....

Sanctulus, d'une réputation intacte a vécu environ (P. M.) quatre-vingts ans, et a été inhumé le 6me jour des kalendes de mai.

S'il s'agissait d'un soldat, on mentionnait le nombre de ses années de service.

MILIT.
ANN. XVIII

On indiquait sa légion :

VETERANVS LEGIONIS V.

ou s'il avait fini son temps, on mentionnait, avec le nombre de ses années de service, qu'il était *demissus honesta missione*. On sait qu'il y avait un certain nombre de légions, portant chacune un numéro d'ordre et un nom particulier. Les légions étaient commandées par des tribuns militaires, et étaient divisées en cohortes et en centuries. On ajoutait avec soin les grades du défunt.

Ces légions romaines furent un instrument admirable qui assura aux Romains la conquête du monde. Aussi Végèce a-t-il écrit (*De re militari*, II) que ce furent les dieux qui en inspirèrent la création aux Romains. Leur organisation était en effet remarquable sous tous les rapports. (Voir BENOIST et BALDY, *L'Armée romaine au temps de César*.)

Voici un exemple d'une carrière militaire bien remplie :

C.GAVIO.L.F.
STEL.SILVANO
TRIB.COH.II.VIGILIVM
TRIB.COH.XIII.VRBAN.
TRIB.COH XII PRÆTOR....

Ce Gavius Silvanus fut d'abord tribun des *Vigilii*, puis des cohortes urbaines et enfin des prétoriens, qui formaient la garde de l'empereur.

On mentionne qu'il est de la tribu *Stellatina* (Stel) et on indique avec soin les numéros d'ordre des cohortes qu'il a commandées.

S'il s'agissait d'une inscription civile, on mentionnait les fonctions remplies par le défunt :

QUÆSTOR
SACERDOS MINERVÆ

S'agissait-il d'une femme mariée, on indiquait le nombre d'années qu'avait duré le mariage :

CONJUGI.DULCISSIMÆ CUM QUA VIXIT ANNOS XIII

On n'oubliait pas la date du décès :

DECESSIT NONIS AUGVSTIS
M.COCCEIO NERVA, C.VIRID.
RUFINO COSS.

(Décédée aux nones du mois d'août, sous le consulat de Cocceius Nerva et de Caius Viridicus Rufinus.)

L'inscription se terminait ordinairement par ces sigles :
H. S. E. (*hic situs est*) ou bien S. T. T. L. (*sit tibi terra
levis*).

Quelquefois elle contenait le nom de celui qui avait fait
élever le monument. Il arrivait parfois qu'on avait fait élever
soi-même son tombeau de son vivant. De là cette inscription :

D. M.
POMPONIA DORIS
ET SEMPRONIA MONTANA
VIVÆ SIBI POSVERVNT.

Les tombeaux étaient ornés de divers emblèmes ; le plus
remarquable était une hache (*ascia*) avec cette mention :
sub ascia dedicavit. Je n'en parle que pour mémoire ; on n'a
pu jusqu'ici, je le crois du moins, expliquer le sens de cet
emblème d'une manière satisfaisante.

L'avènement du christianisme modifia profondément les
inscriptions funéraires.

Le sigle D. M. fut remplacé par le sigle D. O. M. (*Deo
optimo maximo*).

Très souvent, après l'énumération des noms et dignités du
défunt, se trouvent ces mots : IN XRO QVIESCENTI IN PACE (repo-
sant dans la paix du Christ).

Pour l'étude des inscriptions funéraires chrétiennes dans
les Gaules, on peut consulter avec fruit le *Manuel d'épigraphie chrétienne* de Le Blant ; ou bien, pour acquérir des
notions sur les inscriptions chrétiennes en général, le
Dictionnaire des antiquités chrétiennes de Martigny. On y
verra des renseignements intéressants sur les divers emblèmes
de la primitive Église : la colombe, les palmes du martyre,

les instruments du supplice, l'ancre du salut, le monogramme du Christ, etc.

Je ne veux mentionner plus spécialement ici que trois particularités :

1° Parfois, on trouve gravées sur les tombes ces deux lettres grecques, A et Ω. C'est une allusion à la parole divine : *Ego sum* A *et* Ω, *primus et novissimus, principium et finis.* (Saint Jean, *Apoc.*, I, 8).

2° Souvent un poisson est gravé avec l'inscription ἰχθὺς (poisson). Ce mot, pour les chrétiens, est un sigle ; car chacune de ces lettres est le commencement de cinq mots qui, réunis forment la phrase suivante :

Ἰησοὺς   χριστὸς   θεοῦ   υἱὸς   σωτήρ
Jesus   Christus   Dei   filius   salvator.

(Jésus-Christ, fils de Dieu, Sauveur.)

Les premiers chrétiens avaient adopté cette figure du poisson et ce sigle pour en éviter la destruction ou la profanation par les païens.

Cet emblème était une profession de foi comprise des fidèles seuls.

3° Enfin le Titre de la Croix (*Titulus crucis*) était lui-même un sigle ; car les quatre lettres J. N. R. J. signifient *Jesus Nazaræus Rex Judæorum.*

CHAPITRE IV

DES INSCRIPTIONS CONCERNANT LA VIE PRIVÉE
ET DES INCRIPTIONS VOTIVES

Elles sont nombreuses ; on en trouve sur les briques et les tuiles, sur les vases et sur les poids et mesures, sur les bijoux, sur les lames de plomb, sur les cachets, sur les murs, etc.

Je me bornerai à en reproduire quelques-unes.

1° Voici d'abord un cachet d'oculiste. Un certain docteur *Magillius* donne au public son nom et celui de ses collyres :

Magillii dialepidos ad cicatrices. — *Magillii dioxsus ad cicatrices veteres*, etc.

2° A Pompéi, nous lisons, sur les murs, une inscription annonçant des immeubles à louer :

IN PRÆDIIS IVLIÆ. SP.F.FELICIS
LOCANTVR
BALNEVM....
....EX IDIBVS AVG. PRIMIS
IN IDVS AVG. SEXTAS ANNOS CONTINVOS.
QUINQVE

Dans les propriétés de Julia Felix, fille de Spurius, on loue, du premier au sixième des ides d'août, pour cinq années consécutives, une salle de bain.

3° Nous voyons même des affiches électorales !

CN. HELVIVM SABINVM
ÆD.O.V.F (oro vos faciatis)

(Je vous prie de nommer édile Cnæus Helvius Sabinus.)

4° Pour terminer, je signale sur le seuil en mosaïque d'une maison de Pompéi, connue sous le nom de la Maison du Poète, la représentation d'un chien enchaîné avec ces mots : *Cave canem* (prenez garde au chien); un peu partout, sur les murailles de la ville, les *graffiti* licencieux, et à Rome, au Palatin, la fameuse caricature, avec inscription, représentant le Christ en croix avec une tête d'âne.

Voilà, prise sur le fait, *la vie privée des anciens*. Mon travail serait trop incomplet si je ne parlais pas de leurs inscriptions votives. En voici quelques-unes.

1° Pour le salut de l'empereur :

LVNAE ETERNAE SACRVM
PRO SALUTE
IMP.CAES.L.SEPTIM
SEV.PII.INVIC.PRIN.
PONT.MAX.P.P.
TVL.BALBILIVS.I.F.
ANVLLINVS
PRAEF.VIGIL.
V.S.L.M.

2° Au fronton du temple du dieu Sylvain, sur le Viminal :

SILVANO SANCTO
LVCIVS VALLIVS SOLON
PORTICVM EX VOTO FECIT
DEDICAVIT KAL. APRILIBVS
PISONE ET BOLANO COSS.

3° Sur la colonne Antonine :

DIVO ANTONINO AVG. PIO
ANTONINVS AVGVSTVS ET
VERVS AVGVSTVS FILII

4° Et cette inscription votive d'un chrétien :

DEO MAG
NO AETERNO
L. STATIVS DI
ODORVS QVOD
SE PRECIBVS
COMPOTEM
FECISSET
V. S. L. M.

Il me reste à dire quelques mots sur les monnaies, la division du temps et les époques, et sur la numération.

CHAPITRE V

DES MONNAIES ET DES MÉDAILLES

Je ne veux mentionner les monnaies et les médailles qu'au point de vue épigraphique.

Les monnaies et les médailles sont établies toutes d'après les mêmes règles. La seule différence qu'il y ait entre elles, c'est que les monnaies avaient seules ce que nous appelons un cours légal, comme valeur vénale. La variété des unes et des autres est infinie. Si la monnaie était frappée par ordre d'un souverain, elle reproduisait la figure de ce souverain ; s'il s'agissait d'une république, elle l'indiquait par des emblèmes connus de tous : Athènes, par exemple, offrait aux regards la figure de Minerve ou de la chouette, oiseau qui lui était consacré.

La médaille ou la monnaie comprenait :

1° *L'avers* ou *le champ* (vulgo *face*) qui portait la figure du souverain ou de toute autre autorité ou illustration. Autour de ce *type* était une inscription composée d'après les règles de l'épigraphie.

2° *Le revers* (vulgo *pile*) sur lequel on gravait un sujet symbolique ayant un rapport direct avec le type.

Je prends pour exemple une pièce frappée sous Vespasien, après la prise de Jérusalem :

Sur l'avers se trouve la figure de Vespasien couronnée de lauriers et entourée de cette légende : *Imperator Cæsar Vespasianus....*

Au revers, une femme captive représente la Judée vaincue. Elle est assise au pied d'un palmier et gardée par un soldat romain debout derrière elle. Comme légende, autour de cette figure, on lit ces mots : *Judæa capta.*

3° Une ligne tracée sous la figure réserve au bas de la médaille un espace libre appelé *exergue,* où on lit ces mots : *S. C.,* indiquant que cette pièce a été frappée en exécution d'un sénatus-consulte.

4° A ces trois parties il faut ajouter la *tranche* ou l'*épaisseur* de la pièce.

5° Et le *module,* c'est-à-dire la longueur de son diamètre.

L'énumération des différentes monnaies et médailles, et l'indication de leur valeur sont du domaine de la numismatique.

Je note seulement en passant que le mot *sesterce* s'exprimait par ce sigle H.-S.

CHAPITRE VI

A. *La division du temps.*

Les Romains divisaient le jour civil en vingt-quatre heures, de minuit à minuit.

Leur année, qui avait été d'abord de dix mois, fut ensuite de douze mois, à chacun desquels présidait une divinité tutélaire.

Voici leurs noms, avec ceux de leurs divinités tutélaires :

Januarius (Juno) ; Februarius (Neptunus) ; Martius (Minerva) ; Aprilis (Venus) ; Majus (Apollo) ; Junius (Mercurius) ; Julius (Jupiter) ; Augustus (Ceres) ; Septembris (Volcanus) ; Octobris (Mars) ; Novembris (Diana) ; Decembris (Vesta).

L'inscription suivante déjà rapportée mentionne le mois et l'année où elle a été consacrée (*aux calendes d'avril sous le consulat de Pison et de Bolanus*).

Silvano Sancto
L. Vallius Solon
Porticum
Ex voto fecit
Dedicavit *K. Aprilibus*
Pisone et Bolano coss.

Il faut remarquer avant le mot aprilis le sigle K qui signifie *Kalendas*.

Le mois en effet se divisait en trois périodes : les *Calendes*, les *Nones* et les *Ides* (*Kalendæ, Nonæ, Idus*).

Les calendes étaient ainsi nommées du mot *calare* (appeler). Il n'y avait à Rome aucun document écrit pouvant indiquer à la population les jours *fastes* et *néfastes*, les jours fériés et autres circonstances semblables ; et pour obvier à ce manque de renseignements, le premier jour des calendes, les prêtres appelaient le peuple dans les temples pour lui faire connaître les différentes solennités religieuses que l'on devait observer dans le mois commençant. C'est de là qu'est venu notre mot *calendrier* [1].

Après les *Calendes*, venaient les *Nones* et les *Ides*. Les sigles des Nones et des Ides étaient *NON* et *IDB*.

Ces différentes périodes s'énonçaient dans les inscriptions en les inscrivant à l'accusatif ou à l'ablatif.

Le *Lustre* comprenait cinq années.

---

1. On a cependant retrouvé à Cumes des fragments épigraphiques d'un calendrier actuellement déposés au musée de Naples et qui indiquent les jours fériés d'un temple dédié à Auguste (voir Ricci, *Epigrafia latina*, p. 190). On peut encore citer des fragments d'autres calendriers.

B. *Les époques.*

Les époques, dit Claude Lancelot, dans sa *Nouvelle méthode pour apprendre facilement la langue latine*, sont certains points fixes, dont les chronologistes se servent pour compter les années. C'est ce que nous appelons les *Ères*.

Il y en a plusieurs : l'ère des chrétiens commence à la naissance du Christ; celle des Mahométans à l'année dans laquelle Mahomet s'est enfui à la Mecque.

Les Romains avaient également leur ère particulière, qui commençait à l'année de la fondation de Rome. Ils dataient les événements de leur histoire en comptant le nombre des années courues depuis la fondation de leur ville, en les mentionnant ainsi : ab. u. c. (*ab urbe condita*) ou A. P. R. C. (*anno post Romam conditam*).

Mais à partir de la cinq centième année de la fondation de Rome, ou de la deux cent cinquante-quatrième année avant l'ère chrétienne, les Romains adoptèrent un autre système.

A cette époque fut instituée à Rome la dignité consulaire. Les consuls étaient élus au nombre de deux, et leur magistrature ne durait qu'un an.

Les Romains pour donner une date à leur inscription, au lieu de tenir compte de l'époque de la fondation de Rome, mentionnaient dans leurs monuments épigraphiques, les noms des deux consuls en exercice au moment de l'événement dont ils voulaient préciser la date, et ces deux noms étaient mis à l'ablatif, suivis du sigle COSS.

Je prends pour exemple la naissance du Christ. Au lieu

de dire qu'elle eut lieu en 753 *ab urbe condita*, ils notaient le fait en le faisant suivre de ces mots :

C. Julio Cæsare
L. Æmilio Paulo
C O S S . (Consulibus).

On conservait la liste des noms des consuls sur des marbres appelés *fastes consulaires* déposés au Capitole. En regard des noms consulaires ils inscrivaient le chiffre de l'année correspondante *ab urbe condita*; ils avaient donc un tableau des dates bien fixées.

J'emprunte à l'histoire romaine, comme second exemple, un événement considérable, la mort de César.

César a été assassiné le 15 mars de l'année 709 *ab urba condita*. Cette date correspond au cinquième jour des *ides* de mars, étant consuls César lui-même et Marc-Antoine (*J. Cæsare et M. Antonio COSS*).

C. *De la numération.*

Les Romains écrivaient :

I, II, III, IV, V, VI, VII, VIII, IX pour exprimer les unités;
X pour les dizaines;
L pour les cinquantaines;
C pour les centaines;
D pour cinq cents;
M pour mille.

Je termine par une observation importante.

Lorsque l'on met des unités à côté des chiffres X. L. C. D. M , ces unités jouent un rôle différent suivant qu'elles sont placées à droite ou à gauche de ces lettres : *à droite*, elles augmentent d'autant la somme indiquée ; *à gauche*, elles la diminuent d'autant.

Je prends pour exemple le chiffre X (dix).

XI signifie *onze* (dix augmenté de un),
IX signifie *neuf* (dix diminué de un).

Tous ces chiffres sont connus, et employés encore maintenant dans bien des circonstances. Je les ai souvent mentionnés dans les pages qui précèdent. Voici comme dernier exemple de cette numération une inscription funéraire prise dans l'ouvrage d'Alde Manuce :

CORPVS
T.BALBI.L.F. (ex Tribu) FAB (ia)
CELERIS
VIXIT ANNIS LII
MENSIB III
DIEBVS XII

Je rappelle que ces indications de mois et d'années étaient mises tantôt à l'accusatif, tantôt à l'ablatif.

4

DEUXIÈME PARTIE

L'ÉPIGRAPHIE LATINE
CHEZ LES MODERNES

et spécialement en France

L'ÉPIGRAPHIE LATINE CHEZ LES MODERNES
ET SPÉCIALEMENT EN FRANCE

L'épigraphie n'est pas seulement l'art de traduire les inscriptions de l'antiquité; elle est aussi l'art de rédiger des inscriptions en s'inspirant des modèles que nous ont laissés les anciens.

Toutes les nations de l'Europe ont fait des inscriptions latines. La religion chrétienne en a orné ses temples, et, chez tous les peuples, les inscriptions gravées sur les monuments publics ont consacré la mémoire des grands hommes et conservé le souvenir des événements historiques. Les villes et les provinces, les grandes familles, les corporations civiles et religieuses ont emprunté à l'épigraphie latine leurs devises et leurs emblèmes[1].

Pour ne nous occuper que de la France, il est à remarquer que, dès les origines de la monarchie et sous tous nos rois, notre histoire nationale a été inscrite sur nos murs dans la langue qui pouvait être comprise par les érudits de tous les pays.

Notre épigraphie nationale, il faut le reconnaître, n'a produit au commencement que des essais d'une latinité incorrecte.

Telle est par exemple l'inscription trouvée à Saint-Quentin

---

1. Saint-Allais, *De l'Ancienne France*, Paris, 1833.

et dont je reproduis ici le texte en le faisant suivre de la traduction :

ANNO SEXTO CENTN	En l'an six cent
POSITUS FUIT HOC	fut posé ce
MONUMENTUM PER	monument par
JUSSU CLOTARIVS	l'ordre de Clotaire
FRANCORVM REX	roi des Francs
CHILPERINI FILIUS	fils de Chilpéric
ITER FACIENS SUESSIONEM	faisant route pour Soissons
DIE JANUARI VISENTI	le 20ᵉ jour de janvier.

Mais l'épigraphie latine fit en France de grands et rapides
progrès, et brilla chez nous du plus vif éclat dès les xviᵉ et
xviiᵉ siècles.

Ce ne fut pas toutefois sans quelque résistance. On se
demandait s'il était nécessaire d'emprunter la langue des
Romains pour nos inscriptions. Pourquoi ne pas se servir de
la langue française ? Une longue discussion s'engagea à cet
effet. On en trouve les traces dans les œuvres de Santeuil,
qui plusieurs fois a dû plaider en faveur de la langue latine.
Desmarcts de Saint-Sorlin, un des premiers membres de
l'Académie française, écrivait : « C'est une chose étrange et
insupportable que des Francais qui se sont appliqués à la
langue latine... aient tellement perdu l'amour et le respect
qu'ils doivent à leur patrie, que pour se faire valoir au-dessus
des autres hommes ils ne cessent de décrier notre langue
et ceux qui la cultivent. »

Malgré tout, au xviiiᵉ siècle l'Académie des inscriptions et
belles-lettres faisait des inscriptions latines et des inscriptions françaises.

Voltaire lui-même entra en lutte.

Il a écrit : « *Une inscription latine me déplaît, parce que je suis un bon Français.* » — Et dans une autre lettre : « *Je trouve ridicule que nos médailles et nos louis soient latins.* »

Et pourtant il rédigea en latin l'inscription de la chapelle de son château de Ferney :

Deo erexit Voltaire.

Enfin la Convention, sur un rapport de Grégoire, rendit un décret ainsi concu :

Article 1er. — *Les inscriptions de tous les monuments publics seront désormais en langue française.*

Rien n'y fit ; la langue latine sortit victorieuse de la lutte, et bientôt les plus humbles églises de village, comme nos cathédrales, nos palais et nos édifices publics, se couvrirent de documents historiques rédigés en style lapidaire et en langue latine. Notre petite province de Beauvaisis suivit l'exemple venu d'en haut (V. note II).

Je passe sous silence les nombreuses inscriptions faites pour le Louvre par le père Vavasseur, et j'arrive à Santeuil.

C'est le grand siècle en toutes choses. « Le règne de Louis le Grand, a-t-on dit, a été si long et si glorieux, qu'il était comme impossible que la capitale de son empire ne se ressentît pas de la splendeur d'un si beau règne [1]. »

Aussi, par toute la France, et notamment à Paris, s'élevèrent de nombreux monuments qui font encore l'admiration des étrangers, en même temps que paraissaient les princes de la poésie latine, qui s'appelaient Commire, Huet, Rapin, Sautel et Santeuil.

---

1. BLONDEL, *Cours d'architecture*, Paris, 1698.

« La poésie latine avait alors, en effet, un emploi qui la faisait briller au grand jour sur les places publiques, sur les monuments : *l'inscription*. Une inscription peut rappeler heureusement l'origine d'un monument, sa destination, ou lui servir d'ornement, et lui donner, avec la parole, une sorte de vie [1]. »

Il est à remarquer qu'à Rome l'inscription était généralement rédigée en prose ; ce fut le contraire en France. Nous avons aussi des inscriptions en prose dans lesquelles on s'est inspiré des règles de l'épigraphie latine, mais le plus grand nombre a été rédigé en vers.

Dans l'un comme dans l'autre cas, il y avait une difficulté à surmonter. La civilisation romaine avait disparu, et les invasions des barbares et l'avènement du christianisme avaient donné naissance à un ordre de choses nouveau. Les langues, les mœurs, les institutions, tout avait subi des modifications profondes. Il fallait arriver à exprimer toutes ces choses nouvelles en employant la langue d'un peuple qui n'avait jamais connu ce monde nouveau.

Nos épigraphistes surmontèrent avec le plus grand succès cette difficulté. Il est curieux de voir avec quel art, à l'aide de circonlocutions habiles, de périphrases ingénieuses, ils ont pu faire dire à la langue d'Auguste des choses du règne de Louis XIV.

Il serait intéressant de reproduire quelques-unes de ces compositions à l'aide desquelles les épigraphistes modernes ont si merveilleusement réussi à traiter en langue latine tant de sujets divers absolument inconnus de l'antiquité.

Mais ce serait dépasser les limites que je me suis imposées.

---

1. Vissac, *De la Poésie latine en France au siècle de Louis XIV*, Paris, 1862.

Donnons toutefois quelques exemples.

S'inspirant des inscriptions romaines, les modernes ont pu exprimer tous les offices et toutes les charges de notre époque.

1° A l'aide du génitif. — Référendaire, *magister libellorum*.

2° A l'aide de la préposition *a* suivie à l'ablatif du nom de la charge. Ex. :

Femme de chambre, *serva a veste*.

Secrétaire, *servus a secretis*. Celui qui par ses fonctions connaît tous vos secrets.

J'arrive maintenant aux inscriptions ayant un caractère d'utilité publique.

C'est à la ville de Paris que j'emprunte mes premiers exemples.

En 1585 fut achevé le cadran du Palais de Justice, sous la direction de Germain Pilon. On y mit cette inscription de Jean Passerat, professeur royal en éloquence :

> Machina quæ bis sex tam juste dividit horas
> Justitiam servare monet, legesque tueri.

Santeuil devait écrire plus tard sur ce cadran :

> Tempora labuntur, rapidis fugientibus horis,
> Æternæ hic leges, fixaque jura manent.

La plupart des inscriptions célébraient la gloire de Louis XIV dans le style romain le plus pur :

1° Aux Invalides (1675) :

Ludovicus Magnus
Militibus royali munificentia
in perpetuum providens
Has ædes posuit anno MDCLXXV.

2° A la porte Saint-Denis (1671-1673) :

Ludovico Magno
Emendata male memori Batavorum gente
Præfectus et ædiles
Poni C.C.
Anno Domini MDCLXXII
Quod diebus vix sexaginta
Rhenum, Wahalim, Mosam, Isaliam superavit
Subegit Provincias tres
Cepit urbes munitas quadraginta.

Ludovico Magno
quod trajectum ad Mosam
Tres diebus cepit.

Præfectus et ædiles
anno Domini 1673.

Guellemy et Lasteyrie écrivent dans leurs *Inscriptions de France au diócèse de Paris du* xvie *au* xviiie *siècle* : « Cette porte triomphale a été élevée en souvenir de la fameuse campagne de 1672, inaugurée par le passage du Rhin, terminée par la défaite complète des Hollandais. Ce monument passe justement pour le plus important et la plus belle des portes triomphales élevées à la gloire de Louis XIV. »

3° A la porte Saint-Martin (1674-1675) :

Ludovico Magno

Au Nord :

Vesontione Sequanisque bis captis
Et fractis Germanorum, Hispanorum, Bataviorumque exercibus
Præf. et ædiles P.C.C. anno Domini R.S.H.[1] 1674.

Au Sud :

Ludovico Magno
Quod Limburgo capto
Impotentes hostium minas ubique repressit,
Præf. et æd. P.C.C. anno R.S.H. 1675.

L'édification de cette porte triomphale causa un étonnement si grand, si nous en croyons le poète Santeuil, que la nymphe de la fontaine du Ponceau, établie dans les environs, célébra les louanges de ce monument par le doux murmure de ses eaux :

Nympha triumphalem sublime fornice portam
Mirata, suis garrula plaudit aquis !

Après les glorieuses inscriptions consacrées à l'éloge du grand Roi, je transcris ces quelques lignes, gravées sur le bronze de la colonne Vendôme :

Neapolio. Imp. Aug.
Monumentum. Belli. Germanici.
Anno MDCCCV
Trimestri. Spatio. Ductu Suo. Profligati.
Ex Aere Capto
Gloriæ. Exercitus. Maximi. Dicavit.

1. Reparatæ Salutis Humanæ.

Arrivons aux inscriptions versifiées, qui nous ramènent à Santeuil,

Santeuil a donné à la ville de Paris un grand nombre d'inscriptions poétiques pour les fontaines des Quatre Nations, des Innocents, Saint-Séverin, Saint-Michel, etc., et pour la pompe de Notre-Dame.

Mais c'est surtout à Chantilly que le poète a prodigué ses œuvres.

Aux confins de l'Ile-de-France et du Beauvaisis, sur les bords de l'Oise, de la Nonette et de la Thève, toute une région de charme et de fraîcheur raconte, en quelque sorte, la vieille France et les gloires passées. L'ancien préfet de l'Oise, Cambry [1], en a chanté les éloges ; il ne voyait, disait-il, qu'un immense jardin dans cette partie de son gouvernement préfectoral.

Que d'aimables pays en effet, que de belles eaux, que de tapis de verdure, quels bois pleins de mystères et de silence ! Pour ne parler que des résidences les plus remarquables, citons *Chaalis*, où le Tasse, amené par le cardinal d'Este, a, pendant son séjour, écrit un chant de son poème et son parallèle de l'Italie et de la France ; *Mortefontaine*, visité par Buffon et chanté par Delille ; *Ermenonville*, à jamais célèbre par le séjour et la mort de Rousseau ; enfin *Chantilly*.

Toutes ces demeures étaient ornées de jardins enchanteurs dans lesquels on rencontrait à chaque pas, selon les mœurs de l'époque, un grand nombre d'inscriptions.

Chantilly a été chanté par les poètes du grand siècle. Le père Vanière, dans son *Prædium rusticum*, s'est rappelé le grand Condé et sa demeure princière :

1. CAMBRY, *Description du département de l'Oise*, Paris, 1803.

                    Agrestibus olim
Roma viris orbem domuit; duo fulmina belli,
  Scipiadæ, coluere solum, glebasque ruebant
  Qua versæ cecidere manu Carthaginis arces.
          Vanière, *Prædium rusticum*, Lib. VII.

Mais c'est surtout Santeuil qui a illustré ces jardins et ces jets d'eau dont a parlé Bossuet, « qui ne se taisaient ni jour ni nuit ».

Je cite ses principales inscriptions :

1° *Sur la serre de l'Orangerie* :

            Hic Hyemes nil juris habent.

2° *Pour la fontaine d'Aréthuse, à Chantilly* :

      Hujus amore loci, in fontem mutata fuisses
      Si non mutasset te, Dea casta, pudor.

3° *A la statue du prince de Condé, appuyée sur une colonne, au milieu des cascades* :

      Cujus ad aspectum suspensis fluctibus amnes
      Attoniti tremuere, sui nunc ruris in umbra
      Pacis amans, lætas dat in hortis ludere fontes.

4° *Sur la statue de Sylvie* (la princesse de Condé auprès de laquelle le poète Théophile condamné avait trouvé un refuge) :

      Hic quondam teneros scripsit tibi, Sylvia, versus
      Ad vitreas vates dum sedet, exul, aquas.

Un coin retiré du parc où a demeuré Théophile porte encore le nom de *Bosquet de Sylvie.*

5° *Pour la machine d'eau du château* :

Naturam contra, et frustra oblectantibus undis,
Insuetum per iter flumen portatur in auras.

Mais toutes ces inscriptions ont disparu de cette demeure quasi royale, ainsi que des jardins de Chaalis, d'Ermenonville et de Mortefontaine. Tout ce passé a fui sans retour ; et il ne reste plus pour en rappeler le souvenir que la belle inscription placée par la piété d'un noble Prince dans l'église de Chantilly :

Condeorum corda
Quos patriæ decus, et Regni subsidium
Toto celebravit orbe fama,
hoc sub marmore
Cantiliacos inter saltus, dilectosque lucos,
Civium fidei credita
Quum jam intra domum recipere nequiret Exsul,
Deponenda curavit
Condeorum Pius hæres et nepos.
Henricus Aurelianensis
Ann. Dom. MDCCCLII.

APPENDICE

L'épigraphie grecque a précédé l'épigraphie latine et mérite à ce titre d'appeler notre attention.

C'est surtout d'elle que l'on peut dire que son étude a renouvelé l'archéologie et l'histoire.

« Les livres, dit Salomon Reinach dans son *Manuel de Philologie classique* ne nous font connaître de la vie antique que les côtés extérieurs, les guerres, les vies des grands hommes. Quant aux institutions, à la vie sociale de tous les jours, les historiens anciens n'en parlent guère, parce qu'ils supposent que leurs lecteurs en sont informés. »

Les inscriptions grecques sont venues apporter un concours précieux à l'histoire de la Grèce, non seulement par leur grand nombre, mais aussi par la valeur des renseignements qu'elles ont sauvés de l'oubli. C'est la vie des Grecs, leur vie intime, racontée et fixée sur le marbre. « A Rome, dit Reinach, le style lapidaire est d'une noble et sévère beauté; mais celui des Grecs est moins concis; il contient de nombreux détails à retenir, *car les Grecs laissent bavarder la pierre.* »

Si l'on veut avoir une connaissance exacte de toutes les curiosités archéologiques de l'ancienne Grèce en ce qui concerne Athènes et l'Attique, on peut consulter les ouvrages de l'antiquaire et philologue Meursius (1579-1639), notamment *De Ceramici Atheniensium antiquitatibus* et *De populis Atticæ*, et ceux du voyageur Jacob Spon (1647-1685).

Mais les Grecs eux-mêmes nous ont fourni des documents nombreux en plaçant partout des inscriptions précieuses.

Nous avons à cet égard le témoignage d'Hérodote, qui nous a transmis quelques-unes des épigrammes que l'on gravait sur les monuments pour instruire les voyageurs et la postérité.

D'après Platon, ou l'auteur de l'*Hipparque*, les inscriptions en vers élégiaques qu'on lisait sur les nombreux Hermès, disséminés dans l'Attique, formaient un véritable cours de morale[1].

Ces inscriptions avaient parfois un but pratique : ou bien elles indiquaient une maison à louer, en spécifiant qu'elle avait de *bons voisins*, ou bien elles avertissaient le public qu'elle était grevée d'une dette hypothécaire (PLUTARQUE, *Vie de Solon*, 20, et DEMOSTHÈNE, *Oratio contra Spondium*.)

Selon Strabon et Pausanias, la Grèce entière écrivait son histoire sur les pierres. « Dans les bourgades, dit Pausanias, et partout sur les grands chemins, vous rencontrez des temples consacrés aux dieux et une infinité de monuments érigés en l'honneur de tout ce qu'il y a eu de héros et de grands hommes. »

Est-il besoin de rappeler la célèbre inscription des Thermopyles, de Simonide de Cos, si fidèlement traduite par Cicéron :

> Dic, hospes, Spartæ nos te vidisse jacentes,
> Dum sanctis patriæ legibus obsequimur[2].

Mais c'est surtout à Athènes que l'on pouvait lire un grand

---

1. Cf. C. de PAUW, *Recherches philosophiques sur la Grèce*, t. I, p. 56.
2. CICÉRON, *Tusc.*, *Quæst.*, I, 42.

nombre d'inscriptions rendant un hommage funéraire à des Grecs morts pour la défense de leur patrie, ou consacrant le souvenir de triomphes remportés sur la scène (BARTHÉLEMY, *Voyage d'Anacharsis*, chap. XII et XIII).

Après la bataille de Chéronée, dit Barthélemy, chaque tribu distingua les tombeaux de ses soldats par des pierres sépulcrales, sur lesquelles on avait eu le soin d'inscrire leurs noms, etc. « Le chemin qui conduit de la ville à l'Académie est entouré de pareilles inscriptions... On ne peut faire un pas sans fouler les cendres d'un héros. ... Sur la route du Pirée à Athènes, on a élevé un cénotaphe à la mémoire d'Euripide avec ces mots : *La gloire d'Euripide a pour monument la Grèce entière.* Dans la rue des Trépieds, on lit ces deux inscriptions : *La tribu Antiochide a remporté le prix. Aristide était chorège, Archestrade avait composé la pièce.* — Et cette autre : *Thémistocle était chorège. Phrinicus avait fait la tragédie, Adumante était archonte.... »*

Saint Paul lui-même a constaté la multiplicité des statues et des inscriptions qui faisaient l'ornement d'Athènes. Lors de sa comparution devant l'Aréopage, il rend compte de l'impression qu'il a ressentie à son arrivée dans la ville : « Seigneurs Athéniens, dit-il, il me semble qu'en toutes choses vous êtes religieux à l'excès. Car ayant regardé en passant les statues de vos dieux, j'ai trouvé même un autel sur lequel il est écrit : *Au Dieu inconnu (Actes. des Apôtres,* XVII. 22-25). »

De toutes ces inscriptions, un grand nombre sont parvenues jusqu'à nous. soit qu'elles aient été recueillies par des voyageurs érudits (Spon et Wheler, etc.) et réunies dans leurs récits de voyage, ou qu'elles aient été reproduites dans le *Corpus inscriptionum græcarum,* soit que les marbres antiques eux-mêmes aient été sauvés de la destruction et existent encore. Nous en possédons en France, au musée du Louvre, une collection d'une grande valeur et dont les textes ont été publiés par Frœhner (W. Frœhner, *Musée national du Louvre, Les inscripions grecques*, Paris, 1864). Je donne plus loin quelques explications sur plusieurs de celles conservées à l'étranger ou déposées à notre Musée National (Voir note III).

L'examen de ces marbres a permis de formuler les règles de l'épigraphie grecque. A ceux qui voudraient en faire une étude approfondie, on ne peut enseigner un meilleur guide que le traité d'épigraphie grecque de Salomon Reinach.

Je me bornerai, quant à moi, à donner ici quelques notions très élémentaires et en petit nombre, m'occupant surtout de l'Attique, au moment où la Grèce brillait de tout son éclat.

Suivant Strabon, l'Attique était divisée en 174 bourgs ou *dèmes*, qui plus tard se sont élevés au nombre de 185[1].

Ces *dèmes* étaient divisés en un certain nombre de *tribus*.

Dans l'énumération complète des noms d'un citoyen, on devait faire mention de son *dème*.

En ce qui concerne le nom, il faut remarquer qu'il n'y avait point pour le citoyen grec de gentilice comme à Rome.

Le Grec n'avait que son nom, auquel il ajoutait celui de son père au génitif, en sous-entendant le mot υἱός (fils).

Exemple : Ἀλέξανδρος (υἱὸς) Φιλίππου, Alexandre (fils) de Philippe.

Nous retrouvons cette formule dans la langue italienne, où nous voyons par exemple :

---

1. Clarac, *Descriptions des antiques du Musée National du Louvre*, p. 318 sqq.

Galileo-Galilei, *Alighiero-Alighieri*, pour Galileo (dalla famiglia de') Galilei; et Alighiero (dalla famiglia degl') Alighieri.

(A Santa-Croce, à Florence, Galilée dans son épitaphe latine est nommé *Galileus Galileus*, répétition qui est un autre moyen d'indiquer sa filiation).

Les Grecs allaient encore plus loin.

Au nom du père ils ajoutaient quelquefois celui du grand-père, également au génitif, en sous-entendant toujours le mot υἱός.

Exemple :

Φιλοκλῆς (υἱὸς) Φιλοκλέους (υἱοῦ) Ἰσχολάου ἀρχιτέκτων, Ἡλίῳ καὶ τῷ δήμῳ.

Philoclès (fils) de Philoclès (lequel est fils) d'Ischolaos, architecte (a dédié ce monument), au soleil et au peuple. Ce qui revient à dire : Philoclès, fils de Philoclès et petit-fils d'Ischolaos[1].

La femme en Grèce était mieux traitée qu'à Rome.

Les Romains, en effet, pour la désigner se contentaient d'adopter une désinence féminine calquée sur le nom du mari ; la femme de *Terentius* devenait *Terentia*.

---

1. Les Espagnols, pendant le cours du moyen âge, avaient adopté une désinence *EZ* qui, mise à la fin du nom du père, jouait le rôle du génitif grec ou latin. Ainsi Jean, *fils de Hernando*, s'écrivait dans une inscription *Juan Hernandez*. Nous avons en France les abréviations *Bourbon-Condé*, *Bourbon-Conti* qui nous permettent d'indiquer brièvement l'origine des Condé et des Conti. Il est a remarquer que nous mentionnons en première ligne le nom de la *gens* (Les Bourbons), comme les Romains mettaient en premier le gentilice avant le *cognomen* (les Condé, les Conti).

La femme grecque, au contraire, possédait en propre un nom qui n'était pas la reproduction de celui de son mari.

Le père avait le droit de choisir le nom de son enfant; c'était souvent celui du grand-père.

Les surnoms se divisaient en surnoms proprement dits et en sobriquets. Les premiers étaient tirés de quelques faits mémorables ou de circonstances particulières. Quant au sobriquet, on comprend que chez un peuple railleur comme les Grecs, il devait être souvent employé dans une forme mordante.

Après le nom et la profession venait la mention du *déme* qui se faisait de trois manières :

S'il s'agissait par exemple d'un citoyen de Colone, on ajoutait à son nom celui de son dème au génitif, précédé du mot Ἐκ (Ἐκ Κολωνοῦ); ou bien, on ajoutait à la fin du mot Colone le mot θεν : Κολώθεν.

Il y avait enfin une troisième manière, qui était la forme adjective. S'agissait-il, par exemple, d'un citoyen du dème de *Sphette*, on le dénommait σφήττιος (*Sphettien*).

Nous avons vu qu'à Rome, dans les inscriptions concernant une femme mariée, on sous-entendait le mot *uxor*. En Grèce, on faisait de même pour le mot γυνή (femme) et pour le mot θυγατέρα (fille).

A la suite des indications de noms et de dèmes, venait la mention des dignités et des professions.

Les inscriptions funéraires étaient généralement très simples. En voici une copiée au Louvre (n° 166 du catalogue Froehner) sur une stèle rapportée d'Asie Mineure par M. Despréaux de Saint-Sauveur, consul de France à Salonique :

Ἀπολλώνιος Εὐπόρου τῇ γυναικὶ καὶ Πυσταμάντουνι τῇ μήτρι, μνήμης χάριν.

Apollonios (fils) d'Euporos (a élevé ce monument) à la mémoire de sa femme et de sa mère Pystamante.

Un dernier mot.

L'épigraphie grecque a également un grand nombre de *sigles*. On peut consulter à ce sujet le *Traité d'épigraphie grecque* de Reinach.

Sur les monuments et édifices publics, en tête des décrets, et sur les pierres funéraires nous trouvons ces formules, qui annoncent les sigles romains S.P.Q.R. et D.M. :

Ἡ Βουλὴ καὶ ὁ Δῆμος,

(L'Assemblée, c'est-à-dire l'Aréopage, et le peuple)

et

Ἀγαθὴ τύχη,

(A la bonne fortune, que la fortune vous soit propice.)

Ou bien encore, pour les décrets, cette phrase :

Τῇ Βουλῇ καὶ τῷ Δήμῳ ἔδοξε,

(Il a paru bon au Sénat et au peuple.)

Pour la mention des dates depuis l'an 260 avant Jésus-Christ, les Grecs ont commencé à fixer la date des événements par l'indication des olympiades.

Chaque olympiade était d'une durée de quatre ans. Pendant cette période, chaque année avait lieu la nomination des archontes. Le premier nommé s'appelait l'archonte *éponyme*, et donnait son nom à l'année.

Pour indiquer une année, on employait le nom de l'archonte éponyme en fonction, comme à Rome les noms des consuls en exercice.

J'en ai donné plus haut un exemple dans une inscription concernant une pièce de théâtre et qui se termine par ces mots : *Adumante était archonte.*

En ce qui concerne le calendrier des Grecs, on peut trouver des renseignements très intéressants sur cette matière comme sur tant d'autres dans le *Voyage d'Anacharsis.*

NOTES

NOTE I

(PAGE 5)

DE QUELQUES INSCRIPTIONS LATINES
DES TEMPS ANCIENS OU DE L'ÉPOQUE CLASSIQUE

Les Romains occupèrent presque toute la partie du monde connu des anciens, et ils ont laissé partout des souvenirs ineffaçables de leur présence.

En Afrique, nos soldats retrouvent à chaque pas les monuments épigraphiques laissés par les légions, et le voyageur qui descend le cours du Danube peut lire, sur les rochers des Portes-de-Fer, la fière inscription par laquelle Trajan déclare que, pour s'ouvrir un passage, il a percé les montagnes et dompté les fleuves : *montibus excisis, amnibus superatis, viam fecit*[1].

Le midi des Gaules surtout est riche en inscriptions attestant sa puissance. Je préfère en citer une d'un tout autre genre, et qui concerne un jeune acteur du théâtre d'Antibes :

D. M

PVERI SEPTENTRI

ONIS ANNOR. XII QVI

ANTIPOLI IN THEATRO

BIDVO SALTAVIT ET PLA

CVIT

---

1. DURUY, *Histoire des Romains*, t. IV, p. 750, note 1.

Et j'ajoute, pour en finir avec les inscriptions d'un intérêt local, celle qu'on découvrit en 1711 dans les fondations de Notre-Dame de Paris, gravée sur un autel gallo-romain :

TIB. CÆSAR. E...
AVG. IOVI OPTVM.
MAXVMO
NAVTÆ PARISIAC.
PVBLICE POSVERVNT

Ces nautonniers parisiens me paraissent bien expliquer l'origine des armes de Paris (on sait que la question est discutée).

Mais il me faut arriver aux monuments épigraphiques qui présentent un intérêt plus général.

On l'a dit avec raison : « Les empires et les anciennes générations ont disparu, les langues se sont modifiées ou ont fait place à des idiomes nouveaux ; mais les *pierres érudites* ont été victorieuses du temps et nous ont conservé le souvenir des monuments précieux du passé. » (NOTARI, *Trattato dell'epigrafia latina ed italiana.*)

Ce n'est point sans un vif intérêt qu'on relit ces inscriptions qui nous permettent de vivre et de converser avec les anciens Romains.

Je crois faire plaisir au lecteur en lui signalant quelques-unes des plus célèbres, savoir :

1° *Le Chant des Frères Arvales*, trouvé dans les fouilles pratiquées sous la sacristie de Saint-Pierre, à Rome. Berger, dans son *Histoire de l'éloquence latine*, prétend que, pour la forme des mots comme pour le caractère de la pensée, il faut attribuer ce chant à la nation osque.

2° *La Loi des Douze tables*, ce monument primitif du droit romain qu'ont tant vanté Cicéron (*De Oratore*, I, 43, 44), Tite-Live (III, 34) et Tacite (*Ann.*, III, 27).

3° *La Colonne rostrale de Duilius*, élevée en l'an 259 avant Jésus-Christ et retrouvée près du Capitole en 1675. Son inscription rappelle les victoires remportées par Duilius sur les Carthaginois.

4° *Les inscriptions des tombeaux des Scipions*, découverts en 1780, le long de la voie Appienne.

5° *Les Tables Eugubines*, trouvées en 1444, à Gubbio, dans le duché d'Urbin, monument de la langue étrusque, qui a tant exercé la sagacité des érudits.

6° *Le Sénatus-consulte sur les Bacchanales* (185 ans avant Jésus-Christ).

7° *Les Fastes consulaires* retrouvés à Rome en 1547, et qui contiennent la suite des noms des consuls depuis l'an 250 de la fondation de Rome jusqu'à l'an 765.

Il faut consulter sur tous ces monuments *l'Histoire de l'éloquence latine* de Cucheval, d'après les notes de Berger, et les *Latini sermonis reliquiæ* d'Egger.

A la suite, je peux citer des documents plus récents, mais qui présentent, à des titres différents, un grand intérêt historique :

1° *Le monument d'Ancyre*, sorte de testament politique d'Auguste.

Ce testament avait été gravé sur six lames de bronze, qui furent attachées à la base du mausolée d'Auguste à Rome. La petite ville d'Ancyre, en Galatie, on ne sait à quelle occasion, les fit reproduire sur des plaques de marbre fixées sur les murs d'un temple élevé à Ancyre, en l'honneur d'Auguste. C'est la seule copie qui nous ait été conservée.

2° *Un passage de saint Luc* qui a donné lieu à un curieux problème, éclairci par l'épigraphie.

Saint Luc dit (II, 2), au sujet du recensement de la population romaine fait au commencement de notre ère : « En ces jours-là, il fut publié un édit de César Auguste, ordonnant qu'on fit le dénombrement des habitants de la terre. Ce premier dénombrement fut fait par *Cyrinus*, gouverneur de Syrie (ἡγεμονεύοντος τῆς Συρίας Κυρινοῦ). »

« Ces quelques lignes, dit Mgr Gaume dans ses *Biographies évangéliques*, offrent un intérêt immense; elles soudent l'histoire sacrée à l'histoire profane. » Ajoutons qu'elles soulevaient une grave question. Les historiens profanes, qui ont mentionné ce recensement (Tacite, Dion Cassius, le monument d'Ancyre), donnent à ce gouverneur de la Syrie les noms de *Publius Sulpitius*. De là une divergence assez grave entre saint Luc et les historiens. On avait essayé de résoudre la difficulté de diverses manières. (Voir l'abbé Crampon, *Les quatre Évangélistes*; l'abbé Gainet, *La Bible sans la Bible*, t. II, p. 193; Mgr Gaume, *Biographies évangéliques*, Vᵒ *Quirinus*). La question restait pendante.

L'érudition de Mommsen a mis fin à la discussion. A la suite de la découverte d'une inscription à la villa Adrien, il a établi d'une manière irréfutable que les vrais noms de ce gouverneur de la Syrie étaient *Publius Sulpitius* Quirinus. C'est ce dernier nom que l'apôtre a traduit par Κυρινός, en omettant les deux autres.

3ᵒ *Les Tables d'airain* trouvées à Héraclée (Lucanie), en 1752, et déposées au musée Bourbon, à Naples. Elles sont antérieures de trois siècles à l'ère chrétienne.

4ᵒ Le portefeuille du banquier *Cæcilius Secundus*, trouvé à Pompéi en 1876.

5ᵒ Le décret des empereurs Dioclétien et Maximien, qui établit un véritable *maximum* pour le prix des denrées de toute nature et pour le salaire des ouvriers. Il y a là de sérieux éléments pour l'étude des sciences économiques chez les anciens.

Je termine enfin par deux inscriptions intéressantes pour notre histoire nationale :

1° Le culte de l'empereur avait en Gaule une véritable organisation. Nous avons notamment des renseignements sur la façon dont il était pratiqué à Lyon, où des notables, prêtres de ce culte impérial, s'assemblaient, disent les inscriptions, dans le « temple de Rome et de l'auguste », au confluent du Rhône et de la Saône, « *sacerdotes ad templum Romæ et augusti, ad confluentes Arari et Rhodani* ». Cette assemblée n'était pas autre chose que le Conseil des Gaules, *Concilium Galliarum*, auquel assistaient des délégués des diverses cités de la Gaule proprement dite[1]. Une curieuse inscription nous renseigne sur ce grand organe d'administration provinciale et nous permet de nous faire une idée, à l'occasion d'une affaire particulière, sur la part de liberté et d'autonomie laissée aux cités gauloises ou aux administrations locales. C'est l'inscription dite *marbre de Thorigni*, dédicace d'une statue élevée à Sollemnis, représentant de la cité des Viducasses (Vieux, près de Caen) à l'assemblée de Lyon. Découverte à Vieux, puis transportée au château de Thorigni (l'ancienne *Toricianum*, près de Vire), elle est aujourd'hui conservée à Saint-Lô[2].

2° On sait que Claude a prononcé devant le Sénat un discours célèbre, par lequel il réclamait pour les populations gauloises l'égalité politique. Tacite avait rapporté ce discours[3]. En 1527, on découvrit à Lyon, précisément auprès du confluent des deux fleuves, là où s'élevait le « temple de Rome et de l'auguste », des plaques en bronze, malheureusement incomplètes, sur lesquelles est gravé le véritable texte du discours de l'empereur[4]. Il est intéressant de le comparer avec la rédaction de Tacite. Le rapprochement peut servir à prouver que l'historien n'invente pas ses harangues. Les

---

1. C. Jullian, *Gallia*, Paris, 1892, p. 66.
2. *Ibid.*, p. 68; *Mémoires de la Société des Antiquaires de France*, t. XXXVII, (1876), p. 27-38.
3. Tacite, *Ann.*, XI, 24.
4. Monfalcon, *Monographie de la Table de Claude*, Paris, 1853.

deux textes, en effet, diffèrent moins par le fond que par le style et surtout par l'enchaînement des idées. Le discours de Tacite est beaucoup plus court, mais rien d'essentiel n'est omis. Ce qui est supprimé, ce sont les longueurs, les développements inutiles, les digressions. On lit sur la Table de Lyon une singulière exhortation que l'empereur, croyait-on jusqu'à ce jour, se serait adressée à lui-même : « Allons, Claude, décide-toi à dire au Sénat où tu veux en venir : *Tempus est jam, Tib. Cæsar Germanice, detegere te Patribus Conscriptis quo tendat oratio tua...* » Mommsen a conjecturé qu'on a introduit à cet endroit une interruption d'un sénateur peu respectueux[1]. Nous aurions donc là un véritable compte rendu de la séance, à la façon de nos journaux modernes.

1. G. Boissier, *Tacite*, Paris, 1903, p. 267, note.

NOTE II

(PAGE 55)

DE QUELQUES INSCRIPTIONS DU BEAUVAISIS[1]

Dans notre aimable province du Beauvaisis, comme dans toutes les autres de l'ancienne France, l'église jouait un grand rôle dans les villages.

Elle n'était pas seulement le temple où l'on venait pratiquer le culte de la religion; elle était aussi le centre et le foyer de la vie communale.

Au prône, le prêtre publiait ce que nous appelons les nouvelles officielles; sous le porche de l'église avaient lieu le dimanche les assemblées des habitants du village.

Ses murs mêmes étaient un moyen de publicité.

A l'intérieur, dans les chapelles latérales, à l'extérieur, sur les piliers et contreforts, on plaçait des inscriptions qui nous rappellent

---

1. Cette note ne présente guère qu'un intérêt local; j'ai cru devoir cependant l'insérer dans ces notions élémentaires d'épigraphie latine. Elle sera lue par ceux de mes compatriotes qui ont conservé le culte de l'histoire de notre ancien Beauvaisis. Elle se rattache d'ailleurs par plus d'un point à notre histoire générale. Ainsi l'épitaphe des Wignacourt, qu'on lira plus loin, évoque le souvenir d'une famille illustre et d'un prince de l'église (le cardinal de Noailles) qui a été mêlé aux querelles de la bulle *Unigenitus*, ainsi que je l'explique plus bas après avoir reproduit cette épitaphe.

encore aujourd'hui le souvenir des hommes et des événements remarquables de la province.

Dans une précédente brochure (*Etouy, ses origines et ses anciens seigneurs*), j'ai reproduit une épitaphe placée dans une des chapelles de l'église d'Etouy, et qui concerne les sires de Wignacourt, seigneurs de ce village au xvie siècle,

Je la donne ici de nouveau, texte et traduction :

Hic jacet nobilissimus et clarissimus eques dn̄us Hadrianus de Wignacourt, hujusce loci, nec non Lissi, vici Sancti Petri ac Balœi dn̄us, centum Kataphractorum sub illustrissimo Principe Alexandro Vindocino legatus, cujus genus e Belgio, ubi etiam nunc in primogenitis viget clarissimum; per secundæ propaginis sobolem in hoc Belvacensi agro longa serie floruit. Hic duobus illustrissimis fratribus Alofio Melitensis insulæ principi et magno Hierosolimitanorum equitum magistro, et Joachimo regii ordinis equiti aurato Balœi dn̄o aliquantulum Superstes, post multa militaris virtutis exempla, et vitæ integerrimæ famam meritissimam, extracti calculi vulnere, sanctissime obiit anno ætatis LXXI, primus qui, relicta prisca majorum suorum sede quæ ad sancti Petri vicum visitur, hoc in loco a se acquisito condi voluit mense septembri anni MDCXXVIII.

Hic adquiescit, septem circiter mensibus ei prærepta nobilissima et charissima conjux Lodoïca de St Perier, postquam XXX annos cum eo concordissime et sanctissime exegisset, et multiplicari partu illustrem domum stabilivisset anno ætatis XLIII.
Horum utrique parentibus optimis mœrentes liberi posuerunt.
Requiescant in pace.

« Ici repose le très noble et très célèbre chevalier sire Adrien de Wignacourt, seigneur de ce lieu, de Litz, de la Rue-Saint-Pierre et de Balloy; chef de cent hommes d'armes sous le commandement du très illustre prince Alexandre de Vendôme. Sa famille est originaire de Belgique, où maintenant encore la branche aînée brille d'un vif éclat. La branche cadette a eu dans le Beauvaisis une longue suite de personnages distingués. Celui-ci survécut à ses très illustres frères Aloff, prince de l'île de Malte et grand-maître des Chevaliers de Jérusalem, et Joachim, chevalier de l'ordre du Roi, seigneur de Balloy pendant quelque temps. Après de nombreux exemples de courage militaire et après une existence réputée à bon droit comme tout à fait intègre, il mourut très saintement, dans la soixante-et-onzième année de son âge, des suites de l'opération de la pierre. Le premier, il quitta le château de ses ancêtres, que l'on voit encore à la Rue-Saint-Pierre. En septembre 1628, il fut enterré, selon son désir, dans le domaine qu'il avait acheté.

« Ici repose auprès de lui sa très noble et très chère épouse Louise de Saint-Périer, ravie environ sept mois auparavant, dans sa quarante-troisième année, après trente ans de l'union la plus parfaite et la plus sainte, et après avoir assuré l'avenir de sa noble maison par une nombreuse postérité.

« Leurs enfants pleins d'affliction ont élevé ce monument à leurs excellents parents.

« Qu'ils reposent en paix. »

Si je donne le texte en entier, c'est que cette inscription est un bon exemple de l'épigraphie chrétienne à cette époque, et parce qu'elle concerne une des familles les plus illustres de la Picardie. Les Wignacourt, en effet, ont fourni plusieurs grands maîtres à l'ordre de Malte, et la petite-fille des Wignacourt de l'église d'Etouy a épousé Anne, duc de Noailles, et se trouve avoir été *la mère des Noailles*, ainsi qu'on l'appelait, et par conséquent l'aïeule du cardinal Louis-Antoine de Noailles, archevêque de Paris, le médiateur entre Bossuet et Fénelon dans la querelle du Quiétisme.

J'ai parlé plus haut de la publicité faite même à l'extérieur des églises, et en voici quelques exemples pris à Étouy et dans quelques localités voisines :

1° A Etouy, sur un des contreforts du chœur, on lit ces deux inscriptions :

Remor de mor
Retarde joie
1544.

Et :

1549
Espérance m'abuse.

2° A La Rue-Saint-Pierre, le porche de l'église porte cette inscription :

Le 4 d'oust 1636, le
Prince Thomas est entré en
Picardie.

Il s'agit de l'arrivée des troupes du prince de Carignan qui, jointes à celles de Jean de Werth, envahirent la Flandre et la Picardie.

3° A la Neuville-en-Hez, sur l'un des contreforts méridionaux du chœur, se trouve cette inscription curieuse :

P. Joannis Brassart, gymnasiarchæ Neopanengis
epigramma.
Qui solitus ferulam pueris vibrare tremendam,
Hoc clausus tumulo, sum cinis, ossa, nihil.
Consortem thalami, lustro decies revoluto,
Criminis expertem vivus ego obtinui ;
Patronale decus, comitem mihi fata dederunt,
Suscipe, quisquis ades, ter pia vota : vale.
Requiescat in pace. Amen.
Obiit Kal. april, 1533 ante pasca. [sic]

On remarque à Rome, dans l'église *Santa Maria in Campitelli*, deux statues représentant une dame et un chevalier en costumes du xviie siècle. Pas de nom; ces deux mots seulement sur leur tombeau : *nihil, umbra.*

Dans l'église *Sainte-Marie-de-la-Conception*, on voit la pierre tombale du cardinal *Barberini*, frère d'Urbain VIII (1623). Elle porte cette inscription :

Hic jacet
Pulvis
et cinis et nihil.

On a beaucoup admiré, et avec raison, l'éloquence de ces mots qui constatent la vanité des grandeurs humaines (¹).

Mais ces inscriptions romaines sont du xviie siècle et l'inscription du maître d'école de la Neuville-en-Hez, est du xvie siècle; et à ce moment, l'homme puissant qui *faisait vibrer sa férule redoutable* dans l'école de la Neuville-en-Hez a proclamé, lui aussi, que descendu au tombeau il n'est plus rien : *cinis, ossa, nihil.*

Jean Brossart termine en priant les passants de dire trois fois cette prière : *Adieu, repose en paix.*

Cette prière était d'un usage très commun dans les inscriptions funéraires.

Louvet, dans ses *Antiquités du diocèse de Beauvaisis*, rapporte qu'on lisait sur la chapelle du couvent de la Garde, près de la Neuville-en-Hez, l'épitaphe suivante :

Noble sang, frère Raoul de Falize,
Gist, cy devant fondateur de la Garde,
Qui réforma saint Paul et Wariville;
Priez Dieu que son am' aït en garde.

A Sainte-Fontaine, près Bulles, se trouve une chapelle fameuse par les pèlerinages dont elle est l'objet.

---

1. Edmond Lafond, *Rome, Lettres d'un pèlerin.*

Cette chapelle a été rebâtie, en 1775, par une dame Lefebvre et ses trois enfants Louis, Jean et Samson, de Bulles. Une inscription rappelle ce fait, et se termine par ces mots : *Les pèlerins sont priés de dire* Requiescat in pace *pour leurs âmes*.

Ainsi s'affirmait partout le culte de la mémoire des morts.

Conservez-le, gens de ce pays, et que vos enfants aiment, comme ceux de jadis, à entendre, dans la nuit du 2 novembre, la clochette du sonneur et sa pieuse mélopée :

> Réveillez-vous, gens qui dormez !
> Priez Dieu, pour les Trépassés.

NOTE III

(PAGE 68)

DE QUELQUES INSCRIPTIONS GRECQUES

On comprend que les inscriptions grecques trouvées en France soient très rares.

En voici pourtant un curieux exemple.

Les Romains adoraient le soleil sous le nom de *Mithras*. Son culte, venu de Perse, s'introduisit à Rome vers l'an 67 avant Jésus-Christ et ne fut aboli qu'au IVe siècle.

Les légions romaines l'importèrent probablement dans les Gaules. Au musée d'Arles, on peut voir un torse de Mithras trouvé dans les fouilles de la ville en 1598 (Voir PERROT, *Lettres sur Nîmes et le Midi*).

Ce culte a encore laissé une autre trace dans notre pays ; en effet, nous possédons une inscription en vers grecs, consacrée au dieu *Mithras*, gravée sur une pierre encastrée dans le mur de l'église du village de Labège, près de Toulouse. M. Rossignol, de l'Institut, en a donné une restitution et la traduction suivante : *Le soleil, en tant qu'il est femelle et mâle, donne à tout sa croissance ; il a rendu immense le monde, qui lui doit sa noble origine.*

Par quelle ironie, dit M. Rossignol, et par quelle fatalité, cette pierre figure-t-elle aujourd'hui à la porte d'un temple chrétien ?

Venons maintenant au monde grec.

Vers 450 après Jésus-Christ, le compilateur Stobée a rédigé une espèce d'encyclopédie, où il a rassemblé un grand nombre de passages d'écrivains, dont les œuvres sont perdues, et d'inscriptions gravées sur des marbres disparus depuis.

Nous lui devons notamment de connaître le serment que prononçaient chaque année, au temple d'Aglaure, les jeunes gens de 18 ans, convoqués en armes. L'inscription qui le relatait, et que l'on voyait à l'Acropole à l'époque de Stobée, ne s'est plus retrouvée.

« Je jure de ne jamais deshonorer ces armes sacrées, de ne jamais abandonner ma place dans la bataille. Je combattrai pour mes dieux et mon foyer, ou seul ou avec tous. Je ne laisserai pas après moi la patrie diminuée, mais plus puissante et plus forte. J'obéirai aux ordres que la prudence des magistrats saura me donner. Je serai soumis aux lois, et à celles qui sont maintenant en vigueur et à celles que le peuple établira. Si quelqu'un veut renverser ces lois ou leur désobéir, je ne le souffrirai pas ; mais je combattrai pour elles, et seul et avec tous. Je vénérerai les cultes de mes pères. Je prends à témoin Aglaure, Enyalios, Mars, Jupiter, Thallo, Auxo et Hégémone[1]. »

Cependant, en dehors du recueil de Stobée et d'autres recueils du même genre, il subsiste encore un grand nombre de monuments épigraphiques grecs. Je veux en dire un mot, en terminant mon travail.

Voici les principaux :

1° *Les marbres de Paros, connus sous les noms de marbres d'Arundel ou d'Oxford.*

C'est, à proprement parler, la chronique d'Athènes. Elle fut trouvée au commencement du XVIIᵉ siècle dans l'île de Paros.

---

1. Stobée, XLIII, 48 ; Cf. le serment des soldats Romains : *Tite-Live*, XXII, 38 ; Frontin, *Stratag.*, VI.

Les marbres sur lesquels elle fut gravée furent transportés en Angleterre par les soins du comte Thomas d'Arundel, et déposés par son petit-fils à la bibliothèque de l'académie d'Oxford.

Cette chronique, importante et très curieuse, contient l'histoire de l'ancienne Grèce et des temps fabuleux et héroïques depuis la fondation d'Athènes.

L'écrivain polygraphe beauvaisin Lenglet-Dufresnoy nous en a donné une traduction dans ses *Tablettes chronologiques.*

2° *Le discours prononcé par Néron à Corinthe, l'an 67 de Jésus-Christ, et dont le marbre a été retrouvé en 1880, par M. Holleaux, tout près du rivage du lac de Copaïs.*

Ce discours, dans lequel Néron, dans un style emphatique, rend aux Grecs la liberté, est pour ceux-ci ce qu'a été pour la Gaule le discours de Claude.

« Bien inattendue de vous, dit-il, encore que de mon grand cœur on puisse tout espérer, est la grâce que je vous accorde ; grâce si merveilleuse que vous ne pouviez même l'implorer. ....Recevez, avec l'exemption de tout tribut, cette liberté que, même au temps les plus fortunés de votre histoire, vous n'avez pas possédée tous ensemble.... Des villes ont pu recevoir, d'autres princes, leur liberté, Néron seul la rend à toute une province[1]....»

3° L'hymne à Apollon, ou *Pæan*, chanté lors des fêtes du fils de Latone :

« Toi, qui portes la cythare, illustre fils du grand Zeus, je te chanterai toi et tes oracles éternels, etc. »

Les tables de marbre sur lesquelles il était gravé furent trouvées lors des fouilles faites à Athènes, sur l'emplacement du monument connu sous le nom de *Trésor des Athéniens.*

Notre musée national du Louvre possède une collection impor-

---

1. Traduction Maurice Holleaux. Cf. Suétone, *Ner.*; 24.

tante d'inscriptions grecques, qui ont été publiées avec soin, (texte et traduction) par Froehner.

En voici qui sont curieuses, soit par elles-mêmes, soit pour les pays dont j'ai eu déjà à parler, et, en quelque sorte, s'il m'est permis de le dire, pour des raisons personnelles :

1° *Les marbres de Choiseul.*

C'est un compte rendu des sommes dépensées par les trésoriers du Parthénon dans la 92e olympiade.

Ce marbre précieux a été rapporté par le comte de Choiseul, lors de son voyage en Grèce, en 1776.

Les administrateurs du trésor sacré d'Athénée y rendent compte de leur gestion. Au nombre des créanciers payés, je vois figurer à plusieurs reprises *Périclès de Cholargos* (fils naturel de Périclès et d'Aspasie), *pour fournitures de fourrages pour les chevaux.*

2° *Les marbres de Nointel.*

Charles-François Olier, chargé par Louis XIV d'une mission en Orient, y acheta de nombreuses antiquités, et notamment des inscriptions contenant la liste des soldats athéniens tués à l'ennemi dans divers pays.

A son retour en France, il reçut de Louis XIV, en récompense de ses services, le marquisat de Nointel [1].

Ainsi, on peut dire que François Olier, quoique né au pays chartrain, est devenu Beauvaisin par suite de sa possession du marquisat de Nointel.

3° Enfin, à propos du musée du Louvre, il me plait de citer encore un Beauvaisin (c'est le troisième), M. Despréaux de Saint-Sauveur.

En 1833, il était consul de France à Salonique. En cette qua-

1. Nointel est un petit village aux portes de Clermont de l'Oise. Résidence habitée par Biot, le grand physicien, et par Amédée Thierry.

lité, il rapporta en France et déposa au Musée national plusieurs marbres épigraphiques trouvés à Salonique et en Asie-Mineure, et qui sont compris au catalogue dressé par Froehner (N{^os} 146-166, 179, 216, 221).

Il appartenait à une famille beauvaisine, dont une branche a longtemps habité la commune de Saint-Remy-en-l'Eau, près Clermont-de-l'Oise.

Cette famille a encore plusieurs représentants dans le Clermontois ; mais, tous étant descendants par les femmes, ils n'ont pu perpétuer dans le pays le nom de Despréaux, actuellement oublié.

Et pourtant il n'est pas entièrement disparu pour moi. Ce n'est pas sans une pieuse émotion, après tant d'années, sans une pensée encore de constante et affectueuse gratitude, que je lis, sur une tombe du village de mon enfance[1], à côté d'autres noms qui me sont également chers, cette simple inscription : *Arthémise-Amélie Despréaux, juin 1780, 4 mai 1848.*

Un jour, sans doute, les injures du temps l'effaceront. Hélas, c'est le destin, et si je puis, après si longtemps, protester, au nom de la fidélité du souvenir, contre la métaphore du poète, il faut bien que nous reconnaissions ce que ses paroles ont de douloureux jusque dans leur sens littéral :

> Qui peut savoir combien toute douleur s'émousse,
> Et combien sur la terre un jour d'herbe qui pousse
> Efface de tombeaux ?[2]

---

1. Etouy, canton de Clermont de l'Oise.
2. VICTOR HUGO, *Feuilles d'Automne.*

FIN

TABLE DES MATIÈRES

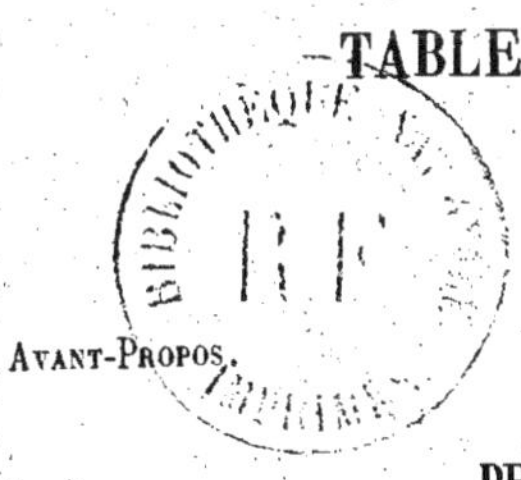

CHAPITRE III

LE « CURSUS HONORUM »

CHAPITRE IV

INSCRIPTIONS CONCERNANT LA VIE PRIVÉE ET INSCRIPTIONS VOTIVES . . 39

CHAPITRE V

DES MONNAIES ET DES MÉDAILLES 43

CHAPITRE VI

DE LA DIVISION DU TEMPS CHEZ LES ROMAINS — DES ÉPOQUES DE LA NUMÉRATION

DEUXIÈME PARTIE

APPENDICE

NOTES

55150. — PARIS, IMPRIMERIE LAHURE
9, rue de Fleurus, 9.